基礎力アップ トレーニングシリーズ１
聞く力・記憶力アップ

〈はじめに〉

　このシリーズは、お子さまの学力をアップするために必要不可欠な力を身につけることを目的としています。
　お子さまの力を伸ばそうと、いきなり問題集を行う方がいますが、それは効果的な学習とはいえません。賢くなるためには、賢くなるための要素を身につける必要があります。
　弊社に寄せられる質問や講演後の相談で、「何からすればよいのか」「どのように取り組めばよいのか」といった内容が多数寄せられます。
　そのような方に応えるべく、今までにない問題集を制作致しました。優しい内容から徐々にレベルアップするように編集してありますので、どなたにも無理なく取り組むことができます。

～ 本書をおこなうときの５箇条 ～

①. 楽しくおこなう
②. 片付いた部屋で、出題者は壁を背後に座る
③. お子さまの集中力に合わせて無理なくおこなう
④. できれば同シリーズの別の問題集と組み合わせて総合的に行う
⑤. 継続しておこなう

この５箇条を心得た上で取り組んでください。
　また、問題集をすると子どもが解答を覚えてしまうという経験はありませんか。本シリーズは出題の方法を工夫することで、問題数が何倍にも広がります。そのような使用方法も本文に盛り込んであります。
　ですから安心して何回でも使用できます。
　本書は、シリーズを単体で行う方法もありますが、問題集を行う前に軽く受験をされる方なら試験前の基礎力の確認としてもお勧めです。ウォーミングアップとして、楽しみながら取り組んでください。

日本学習図書株式会社
代表取締役
　後藤　耕一朗

面接 願書

日本学習図書 ニチガク

入試対策はペーパーテスト学習だけじゃない！ 保護者の苦労をサポートする 人気ラインナップのご紹介‼

面接って何を聞かれるの？

どんな服装がいいの？

両親で参加しないといけないの？

願書にはどんなことを書くの？

小学校受験での「保護者の役割」といえば、志望校や塾の選択、また家庭におけるお子さまの学習指導などさまざま。意識としても、お子さまの学力のことに向きがちです。しかし、小学校受験の本質は「お子さまの調査」ではなく「家庭の調査」。学校は、それぞれの教育方針とマッチしている家庭、善き保護者を迎えるために、入試を行っています。お子さまへの躾をとおして見える保護者の姿もありますが、「面接」「願書」に至っては、まさにその観点は直接的。つまり、小学校受験における「保護者の役割」には、その対策がどうしても含まれることになり、ゆえに、毎年多くの方が悩まれるのです。

日本学習図書では、これまで保護者の方々から受けた相談をもとに、専用の問題集・書籍を発行しております。実際に面接官をされた先生方への取材内容も反映させていますので、各読み物の記事や文例などは、非常に充実した内容となっています。

また、プリント形式の「面接テスト問題集」「保護者のための最強マニュアル」は、ご家庭での判定も可能なチェックシート付き。各回掲載のアドバイスも詳細なので、面接練習に最適です。

お子さまの学習の傍ら、ぜひ、保護者さまの「学習」にご活用ください。

面接・願書対策のベストセラー

お子さま向け

家庭で行う
面接テスト問題集

2,200円（税込み）

保護者様向け

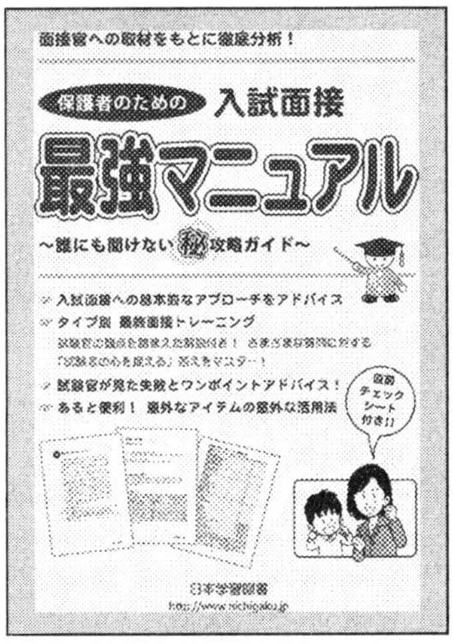

保護者のための
入試面接最強マニュアル

2,200円（税込み）

保護者様向け

新・小学校受験の
入試面接 Q&A

2,860円（税込み）

保護者様向け

新・願書 /アンケート/ 作文
文例集 500

2,860円（税込み）

面接・願書対策のベストセラー

書籍についてのご注文・お問い合わせ

TEL 03-5261-8951

http://www.nichigaku.jp/

※ご注文方法、書籍についての詳細は、Webサイトをご覧ください。

日本学習図書　検索

〈使用方法〉

●本書は、７つのステップで構成されています。手軽に行えるよう、全問、口頭試問形式で行うように制作してあります。取り上げる内容が変わるときは、中扉を設け、その学習をする時の使用方法やポイントが書いてありますので、読んでから問題を始めてください。

●掲載されている内容を参考にして、お子さまにあった内容をアレンジすることで学習の幅が広がります。

【取り組むときの注意点】

１．周りに気が散るものがないか確認し、環境を整えます。
２．いきなり問題を始めるのではなく、深呼吸や黙想などを取り入れ、落ち着いた状態で始められるようにしましょう。
３．問題を始める前に、これから行う問題がどのようなものか説明をしてください。
４．問題を読むときはゆっくり読む。
５．間違えたときは、もう一度、問題を読んであげましょう。。

※ 慣れないうちは１問毎に確認作業を行いますが、慣れてきたらまとめて行ってもかまいません。

【各ステップの狙い】

１．暗　　唱　…　暗唱することで集中力と記憶力の養成を図る。
２．逆　　唱　…　逆唱をさせることで、集中力と記憶力の更なる養成を図る。
３．言葉の位置　…　羅列した言葉を聞き、指定された場所にあるものを答える。
４．言葉の比較　…　記憶を基に２つの文章を聞き比べ、違いを見つけ出す。
５．単文の記憶　…　記憶した情報を使用し仲間分けなど。情報の活用。
６．単文の暗唱　…　単文の暗唱をおこない、記憶力を高める。
７．短文の記憶　…　短文を活用し数の操作を行う。

〈問題１〜10の進め方〉

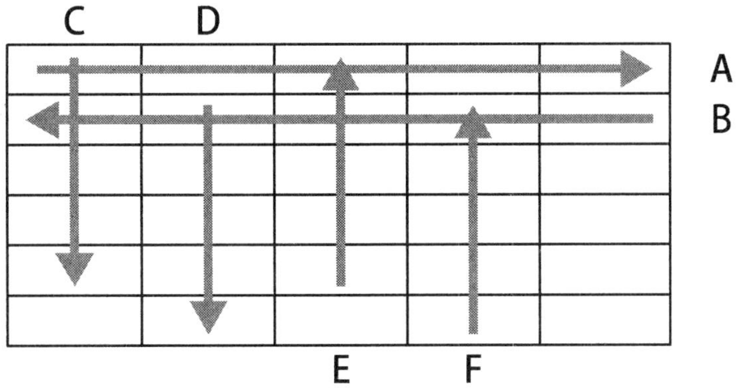

横に描かれてあるマスがその問題で使用するアイテム数になります。
横に３列なら縦も３段使用し、横が５列なら縦も５段使用（Ｃ、Ｄ、Ｅ、Ｆ）します。

【各問題の進め方】
Ａ：各段、左から右へ読んでいく。
Ｂ：各段、右から左へ読んでいく。
Ｃ：一番上のマスから下へ、横のマス分読んでいく。（横５マスなら、下に５段分）
Ｄ：最後が一番下のマスになるように、段の途中から読んでいく。
（横５マスなら、上から２段目から下に５段分）
Ｅ：最後が一番上のマスになるように、段の途中から読んでいく。
（横５マスなら、下から２段目から上に５段分）
Ｆ：一番下のマスから上へ、横のマス分読んでいく。
（横５マスなら、上に５段分）

〈問題11〜14・19〜22の進め方〉

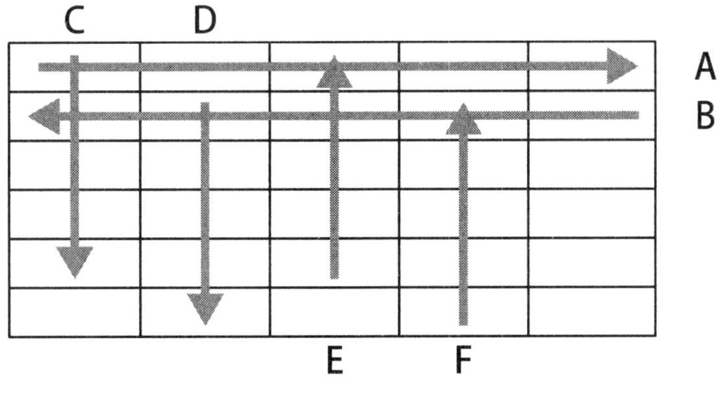

【各問題の進め方】
①〜⑤：各段、左から右へ読んでいく。
⑥〜⑩：各列、上から下へ読んでいく。
⑪〜⑮：各段、右から左へ読んでいく。
⑯〜⑳：各列、下から上へ読んでいく。

基礎力アップトレーニングシリーズ
その１　暗　唱
（問題１～５　設問数142問）

この問題集は、今までの問題集とは違った進め方をします。効果的な学習を行うためにも、問題集を行う前に、必ず、使用方法をご覧ください。

【保護者の方へ】

成績がよい子は、「傾聴力」が高いといわれています。小学校受験で出題頻度が一番高いのが「お話の記憶」です。お話を一度聞いて、あとの質問に答える。という問題ですが、何故、出題頻度が高いのでしょうか。

「お話の記憶」の問題を解くのに、「語彙力」「理解力」「集中力」「記憶力」「想像力」の５つの力が必要だといわれています。そして、この５つの力は、「授業を受けるときに必要な力」でもあります。

なら、入学までにこの力を身につければと考えませんか。

いきなり問題をしても、ベースがついていなければ、かえって逆効果です。「傾聴力」を身につける第一歩である「暗唱」を行いましょう。

【進め方】

各問題、丸数字の順番に問題を解いていってください。

（詳しくは使用方法参照）

保護者の方は、丸数字に沿って単語をゆっくりと読んでください。

読み終えたあと、今、聞いた通りにお子さまに言わせます。

（例）「１，２，３，４，５」と言われたら、

「１，２，３，４，５」と答えます。

もし、思い出せないときや、間違えたときは、もう一度、読んであげてください。ただし、あまり繰り返すと、力は身につきません。

問題に決まったやり方はない！142問の類似問題にチャレンジ！

「暗唱」用の問題は全部で５問。それぞれ６段の表を使用してあるので、収録してある設問は合計30問。と考えると思います。今回、筆者が提案する使用方法を取り入れることで、同じ問題数でも、「設問数が142問」になります。

さぁ、新しい使用方法で、基礎基本の土台を固めましょう。

問題１　暗唱

今から言う言葉を、同じように繰り返してください。

	⑦・⑩	⑧・⑪	⑨・⑫	
①	サル	イヌ	ウサギ	⑬
②	チューリップ	アジサイ	ヒマワリ	⑭
③	医者	警察官	消防士	⑮
④	電車	自転車	飛行機	⑯
⑤	磁石	釘	ハサミ	⑰
⑥	まな板	フライパン	茶碗	⑱
	⑲・㉒	⑳・㉓	㉑・㉔	

①～⑥：表の左から右に順に読む。
⑦～⑨：表の上３段を上から順に読む。
⑩～⑫：表の下３段を上から順に読む。
⑬～⑱：表を右から左に順に読む。
⑲～㉑：表の下３段を下から順に読む。
㉒～㉔：表の上３段を下から順に読む。

〈 正誤表 〉

①	②	③	④	⑤	⑥
⑦	⑧	⑨	⑩	⑪	⑫
⑬	⑭	⑮	⑯	⑰	⑱
⑲	⑳	㉑	㉒	㉓	㉔

問題２　暗唱

今から言う言葉を、同じように繰り返してください。

	⑦・⑪	⑧・⑫	⑨・⑬	⑩・⑭	
①	サクラ	キンモクセイ	アサガオ	タンポポ	⑮
②	メロン	ミカン	スイカ	モモ	⑯
③	ウシ	ウマ	ライオン	トラ	⑰
④	お寺	ビル	神社	お店	⑱
⑤	船	バイク	三輪車	タクシー	⑲
⑥	バット	ボール	グローブ	スパイク	⑳
	㉑・㉕	㉒・㉖	㉓・㉗	㉔・㉘	

①～⑥：表の左から右に順に読む。
⑦～⑩：表の上３段を上から順に読む。
⑪～⑭：表の下３段を上から順に読む。
⑮～⑳：表を右から左に順に読む。
㉑～㉔：表の下３段を下から順に読む。
㉕～㉘：表の上３段を下から順に読む。

〈 正誤表 〉

①	②	③	④	⑤	⑥
⑦	⑧	⑨	⑩	⑪	⑫
⑬	⑭	⑮	⑯	⑰	⑱
⑲	⑳	㉑	㉒	㉓	㉔
㉕	㉖	㉗	㉘		

問題3　暗唱

今から言う言葉を、同じように繰り返してください。

	⑦•⑪	⑧•⑫	⑨•⑬	⑩•⑭	
①	本	鉛筆	ハサミ	ノリ	⑮
②	ツクシ	菜の花	ススキ	イチョウ	⑯
③	マグロ	クジラ	サメ	メダカ	⑰
④	ピーマン	キャベツ	ハクサイ	タマネギ	⑱
⑤	ゴボウ	ニンジン	レンコン	ジャガイモ	⑲
⑥	カガミ	歯ブラシ	ブラシ	タオル	⑳
	㉑•㉕	㉒•㉖	㉓•㉗	㉔•㉘	

①～⑥：表の左から右に順に読む。
⑦～⑩：表の上３段を上から順に読む。
⑪～⑭：表の下３段を上から順に読む。
⑮～⑳：表を右から左に順に読む。
㉑～㉔：表の下３段を下から順に読む。
㉕～㉘：表の上３段を下から順に読む。

〈 正誤表 〉

①	②	③	④	⑤	⑥
⑦	⑧	⑨	⑩	⑪	⑫
⑬	⑭	⑮	⑯	⑰	⑱
⑲	⑳	㉑	㉒	㉓	㉔
㉕	㉖	㉗	㉘		

問題4　暗唱

今から言う言葉を、同じように繰り返してください。

	⑦・⑫	⑧・⑬	⑨・⑭	⑩・⑮	⑪・⑯	
①	野球	サッカー	ゴルフ	マラソン	水泳	⑰
②	箸	フォーク	スプーン	ナイフ	お盆	⑱
③	靴	長靴	ブーツ	サンダル	下駄	⑲
④	コップ	鉛筆	サインペン	消しゴム	物差し	⑳
⑤	卵	唐揚げ	ソーセージ	おにぎり	パン	㉑
⑥	カエル	トカゲ	ヘビ	カマキリ	クモ	㉒
	㉓・㉘	㉔・㉙	㉕・㉚	㉖・㉛	㉗・㉜	

①～⑥：表の左から右に順に読む。
⑦～⑪：表の上３段を上から順に読む。
⑫～⑯：表の下３段を上から順に読む。
⑰～㉒：表を右から左に順に読む。
㉓～㉗：表の下３段を下から順に読む。
㉘～㉜：表の上３段を下から順に読む。

〈 正誤表 〉

①	②	③	④	⑤	⑥
⑦	⑧	⑨	⑩	⑪	⑫
⑬	⑭	⑮	⑯	⑰	⑱
⑲	⑳	㉑	㉒	㉓	㉔
㉕	㉖	㉗	㉘	㉙	㉚
㉛	㉜				

問題5　暗唱

今から言う言葉を、同じように繰り返してください。

	⑦・⑫	⑧・⑬	⑨・⑭	⑩・⑮	⑪・⑯	
①	コタツ	雪だるま	羽子板	トナカイ	門松	⑰
②	鯉のぼり	ひな祭り	節分	カブト	入学式	⑱
③	釣り	キャンプ	テント	網	水筒	⑲
④	花火	七夕	プール	セミ	カブトムシ	⑳
⑤	ブドウ	梨	キノコ	クリ	モミジ	㉑
⑥	タオル	石けん	シャンプー	ドライヤー	クシ	㉒
	㉓・㉘	㉔・㉙	㉕・㉚	㉖・㉛	㉗・㉜	

①〜⑥：表の左から右に順に読む。
⑦〜⑪：表の上３段を上から順に読む。
⑫〜⑯：表の下３段を上から順に読む。
⑰〜㉒：表を右から左に順に読む。
㉓〜㉗：表の下３段を下から順に読む。
㉘〜㉜：表の上３段を下から順に読む。

〈 正誤表 〉

①	②	③	④	⑤	⑥
⑦	⑧	⑨	⑩	⑪	⑫
⑬	⑭	⑮	⑯	⑰	⑱
⑲	⑳	㉑	㉒	㉓	㉔
㉕	㉖	㉗	㉘	㉙	㉚
㉛	㉜				

基礎力アップトレーニングシリーズ
その2　逆　唱
（問題6～10　設問数142問）

この問題集は、今までの問題集とは違った進め方をします。効果的な学習を行うためにも、問題集を行う前に、必ず、使用方法をご覧ください。

【保護者の方へ】

先ほどは聞いた通り答える「暗唱」を行いましたが、今度は少し難度が上がります。

言われたことを一度記憶し、答えるときは、それをひっくり返さなければなりません。慣れていないお子さまの場合、混乱してしまうかもしれませんが、慌てず、ゆっくり取り組んでください。

この問題も、「暗唱」とおなじように、問い方を色々アレンジしています。ですから設問数としては、前問と同じ142問とたっぷりあるので、焦らず取り組んでください。

また、「逆唱」では、「暗唱」で使用した問題と同じ問題をあえて使用しています。これは、全く新しい問題で行うよりも、少し慣れた問題を使用することで苦手意識を取り除くためです。

【進め方】

各問題、丸数字の順番に問題を解いていってください。

（詳しくは使用方法参照）

保護者の方は、丸数字に沿って単語をゆっくりと読んでください。

読み終えたあと、今、言った順番と逆に言わせます。。

（例）「１、２、３、４、５」と言われたら、

「５、４、３、２、１」と答えます。

もし、思い出せないときや、間違えたときは、もう一度、読んであげてください。ただし、あまり繰り返すと、力は身につきません。

長文の記憶は、読み聞かせの量と比例する。

記憶の方法は人それぞれです。長文の場合、お話をイメージ化して記憶し、あとからそのイメージを元に解答を導いていきます。そのため読み聞かせの量と長文の記憶の力は比例すると言われています。その読み聞かせも、最初は絵を見ながらおこないお話に慣れていき、少しずつ、聴力だけで記憶できるようにしていきます。そのための基礎基本を現在、取り組んでいるということです。そして記憶の方法は得意不得意があるので、お子さまの得意な方法を見つけましょう。

問題6　逆唱

今から言う言葉を、言った時と逆の順番に言ってください。

	⑦・⑩	⑧・⑪	⑨・⑫	
①	サル	イヌ	ウサギ	⑬
②	チューリップ	アジサイ	ヒマワリ	⑭
③	医者	警察官	消防士	⑮
④	電車	自転車	飛行機	⑯
⑤	磁石	釘	ハサミ	⑰
⑥	まな板	フライパン	茶碗	⑱
	⑲・㉒	⑳・㉓	㉑・㉔	

①～⑥：表の左から右に順に読む。
⑦～⑨：表の上３段を上から順に読む。
⑩～⑫：表の下３段を上から順に読む。
⑬～⑱：表を右から左に順に読む。
⑲～㉑：表の下３段を下から順に読む。
㉒～㉔：表の上３段を下から順に読む。

〈 正誤表 〉

①	②	③	④	⑤	⑥
⑦	⑧	⑨	⑩	⑪	⑫
⑬	⑭	⑮	⑯	⑰	⑱
⑲	⑳	㉑	㉒	㉓	㉔

問題７　逆唱

今から言う言葉を、言った時と逆の順番に言ってください。

	⑦・⑪	⑧・⑫	⑨・⑬	⑩・⑭	
①	サクラ	キンモクセイ	アサガオ	タンポポ	⑮
②	メロン	ミカン	スイカ	モモ	⑯
③	ウシ	ウマ	ライオン	トラ	⑰
④	お寺	ビル	神社	お店	⑱
⑤	船	バイク	三輪車	タクシー	⑲
⑥	バット	ボール	グローブ	スパイク	⑳
	㉑・㉕	㉒・㉖	㉓・㉗	㉔・㉘	

①～⑥：表の左から右に順に読む。
⑦～⑩：表の上３段を上から順に読む。
⑪～⑭：表の下３段を上から順に読む。
⑮～⑳：表を右から左に順に読む。
㉑～㉔：表の下３段を下から順に読む。
㉕～㉘：表の上３段を下から順に読む。

〈 正誤表 〉

①	②	③	④	⑤	⑥
⑦	⑧	⑨	⑩	⑪	⑫
⑬	⑭	⑮	⑯	⑰	⑱
⑲	⑳	㉑	㉒	㉓	㉔
㉕	㉖	㉗	㉘		

問題8　逆唱

今から言う言葉を、言った時と逆の順番に言ってください。

	⑦・⑪	⑧・⑫	⑨・⑬	⑩・⑭	
①	本	鉛筆	ハサミ	ノリ	⑮
②	ツクシ	菜の花	ススキ	イチョウ	⑯
③	マグロ	クジラ	サメ	メダカ	⑰
④	ピーマン	キャベツ	ハクサイ	タマネギ	⑱
⑤	ゴボウ	ニンジン	レンコン	ジャガイモ	⑲
⑥	カガミ	歯ブラシ	ブラシ	タオル	⑳
	㉑・㉕	㉒・㉖	㉓・㉗	㉔・㉘	

①〜⑥：表の左から右に順に読む。
⑦〜⑩：表の上３段を上から順に読む。
⑪〜⑭：表の下３段を上から順に読む。
⑮〜⑳：表を右から左に順に読む。
㉑〜㉔：表の下３段を下から順に読む。
㉕〜㉘：表の上３段を下から順に読む。

〈 正誤表 〉

①	②	③	④	⑤	⑥
⑦	⑧	⑨	⑩	⑪	⑫
⑬	⑭	⑮	⑯	⑰	⑱
⑲	⑳	㉑	㉒	㉓	㉔
㉕	㉖	㉗	㉘		

問題9　逆唱

今から言う言葉を、言った時と逆の順番に言ってください。

	⑦・⑫	⑧・⑬	⑨・⑭	⑩・⑮	⑪・⑯	
①	野球	サッカー	ゴルフ	マラソン	水泳	⑰
②	箸	フォーク	スプーン	ナイフ	お盆	⑱
③	靴	長靴	ブーツ	サンダル	下駄	⑲
④	コップ	鉛筆	サインペン	消しゴム	物差し	⑳
⑤	卵	唐揚げ	ソーセージ	おにぎり	パン	㉑
⑥	カエル	トカゲ	ヘビ	カマキリ	クモ	㉒
	㉓・㉘	㉔・㉙	㉕・㉚	㉖・㉛	㉗・㉜	

①～⑥：表の左から右に順に読む。
⑦～⑪：表の上３段を上から順に読む。
⑫～⑯：表の下３段を上から順に読む。
⑰～㉒：表を右から左に順に読む。
㉓～㉗：表の下３段を下から順に読む。
㉘～㉜：表の上３段を下から順に読む。

〈 正誤表 〉

①	②	③	④	⑤	⑥
⑦	⑧	⑨	⑩	⑪	⑫
⑬	⑭	⑮	⑯	⑰	⑱
⑲	⑳	㉑	㉒	㉓	㉔
㉕	㉖	㉗	㉘	㉙	㉚
㉛	㉜				

問題10　逆唱

今から言う言葉を、言った時と逆の順番に言ってください。

	⑦・⑫	⑧・⑬	⑨・⑭	⑩・⑮	⑪・⑯	
①	コタツ	雪だるま	羽子板	トナカイ	門松	⑰
②	鯉のぼり	ひな祭り	節分	カブト	入学式	⑱
③	釣り	キャンプ	テント	網	水筒	⑲
④	花火	七夕	プール	セミ	カブトムシ	⑳
⑤	ブドウ	梨	キノコ	クリ	モミジ	㉑
⑥	タオル	石けん	シャンプー	ドライヤー	クシ	㉒
	㉓・㉘	㉔・㉙	㉕・㉚	㉖・㉛	㉗・㉜	

①〜⑥：表の左から右に順に読む。
⑦〜⑪：表の上３段を上から順に読む。
⑫〜⑯：表の下３段を上から順に読む。
⑰〜㉒：表を右から左に順に読む。
㉓〜㉗：表の下３段を下から順に読む。
㉘〜㉜：表の上３段を下から順に読む。

〈 正誤表 〉

①	②	③	④	⑤	⑥
⑦	⑧	⑨	⑩	⑪	⑫
⑬	⑭	⑮	⑯	⑰	⑱
⑲	⑳	㉑	㉒	㉓	㉔
㉕	㉖	㉗	㉘	㉙	㉚
㉛	㉜				

基礎力アップトレーニングシリーズ
その３　言葉の位置
（問題11～14　設問数88問）

この問題集は、今までの問題集とは違った進め方をします。効果的な学習を行うためにも、問題集を行う前に、必ず、使用方法をご覧ください。

【保護者の方へ】

今までの問題は、基礎として、いくつかの単語を聞いてそのまま繰り返したり、逆から言ったりしていました。今度は、いくつかの単語を聞いたあと、質問がされますので、その質問に答えるという問題です。記憶したデータをから質問にあった答えを導いてこなければなりません。この問題のあたりからは、集中していなければ記憶することができません。しっかりと集中して取り組みましょう。各記憶するものは、関係するものをまとめましたので、イメージしやすいと思います。

この問題も、一覧表を多方向から使用することで、繰り返し学習することができます。全く同じ問題を繰り返し行うと、お子さまが答えを覚えてしまい記憶にはなりません。問題を読む方向を変えることで、マンネリを未然に防ぐことができます。

【進め方】

各問題、丸数字の順番に問題を解いていってください。

（詳しくは使用方法参照）

保護者の方は、丸数字に沿って単語をゆっくりと読んでください。

単語を読む前に「今から○個の単語を言います」と読む数を教えてあげても構いません。読み終えたあと設問を伝え、解答を言わせます。

起点は端だけとは限らない。

同じ問題を使用すると、お子さまが解答を覚えてしまい学習にならないという声をよく耳にします。そのようなとき、よく用いる方法が「問う位置を変える」「単語を読む順番を変える」という方法です。もちろんこの方法も有効です。しかし、この問題のように問題を色々な方向から読むだけで、問題のバリエーションがこんなにも増えるとは考えなかったのではないでしょうか。
本書に掲載してある問題数は全部で185問ありますが、色々なバリエーションを用いたことで問題数は673問、それを系統立てて収録してあります。基礎作りの問題集としてはこれ以上ない問題です。

問題11 言葉の位置

今から連続して言葉を言います。その後に質問をするので、質問をよく聞いて答えてください。

	⑥	⑦	⑧	⑨	⑩	
①	赤	青	黄色	緑	白	⑪
②	車	バイク	自転車	トラック	パトカー	⑫
③	タヌキ	キツネ	イヌ	ライオン	ゾウ	⑬
④	メダカ	ドジョウ	カエル	ヘビ	トカゲ	⑭
⑤	テレビ	ラジオ	懐中電灯	ろうそく	電話	⑮
	⑯	⑰	⑱	⑲	⑳	

①⑩⑪⑳：２番目に言ったものは何ですか。
②⑨⑫⑲：最初に言ったものは何ですか。
③⑧⑬⑱：最後に言ったものは何ですか。
④⑦⑭⑰：３番目に言ったものは何ですか。
⑤⑥⑮⑯：４番目に言ったものは何ですか。

〈 正誤表 〉

①	②	③	④	⑤	⑥
⑦	⑧	⑨	⑩	⑪	⑫
⑬	⑭	⑮	⑯	⑰	⑱
⑲	⑳				

問題12 言葉の位置

今から連続して言葉を言います。その後に質問をするので、質問をよく聞いて答えてください。

	⑥	⑦	⑧	⑨	⑩	
①	枕	メロン	ゴルフ	歯ブラシ	ハサミ	⑪
②	パソコン	カバン	ブドウ	マグロ	キャベツ	⑫
③	ノート	グローブ	イノシシ	ミカン	スプーン	⑬
④	トイレ	パイナップル	バス	リンゴ	ススキ	⑭
⑤	キンモクセイ	海	消防車	富士山	電車	⑮
	⑯	⑰	⑱	⑲	⑳	

①⑩⑪⑳：後ろから２番目に言ったものは何ですか。
②⑨⑫⑲：後ろから１番目に言ったものは何ですか。
③⑧⑬⑱：後ろから３番目に言ったものは何ですか。
④⑦⑭⑰：後ろから４番目に言ったものは何ですか。
⑤⑥⑮⑯：後ろから２番目に言ったものは何ですか。

〈 正誤表 〉

①	②	③	④	⑤	⑥
⑦	⑧	⑨	⑩	⑪	⑫
⑬	⑭	⑮	⑯	⑰	⑱
⑲	⑳				

問題13　言葉の位置

今から連続して言葉を言います。その後に質問をするので、質問をよく聞いて答えてください。

	⑪	⑫	⑬	⑭	⑮	⑯	⑰	
①	チョウチョ	バッタ	毛虫	ミノムシ	クワガタ	カマキリ	アリ	⑥
②	マスク	クレヨン	鉛筆	カバン	ノリ	消しゴム	ナイフ	⑦
③	野球	サッカー	バレー	バスケット	ラグビー	水泳	マラソン	⑧
④	モモ	梨	柿	サクランボ	イチゴ	スイカ	レモン	⑨
⑤	茶色	青	緑	黄緑	紫	ピンク	灰色	⑩
	⑱	⑲	⑳	㉑	㉒	㉓	㉔	

①⑩：最初に言ったものは何ですか。
②⑨：３番目に言ったものは何ですか。
③⑧：６番目に言ったものは何ですか。
④⑦：７番目に言ったものは何ですか。
⑤⑥：５番目に言ったものは何ですか。
⑪㉔：３番目に言ったものは何ですか。
⑫㉓：４番目に言ったものは何ですか。
⑬㉒：２番目に言ったものは何ですか。
⑭㉑：最後言ったものは何ですか。
⑮⑳：２番目に言ったものは何ですか。
⑯⑲：最初に言ったものは何ですか。
⑰⑱：２番目に言ったものは何ですか。

〈 正誤表 〉

①	②	③	④	⑤	⑥
⑦	⑧	⑨	⑩	⑪	⑫
⑬	⑭	⑮	⑯	⑰	⑱
⑲	⑳	㉑	㉒	㉓	㉔

問題14　言葉の位置

今から連続して言葉を言います。その後に質問をするので、質問をよく聞いて答えてください。

	⑪	⑫	⑬	⑭	⑮	⑯	⑰	
①	サメ	クジラ	鮭	フナ	ウナギ	金魚	ドジョウ	⑥
②	イクラ	タラコ	梅	キムチ	カツオブシ	卵焼き	ウィンナー	⑦
③	枕	布団	シーツ	ベット	パジャマ	目覚まし時計	歯磨き	⑧
④	おふろ	シャンプー	石けん	タオル	リンス	シャワー	ドライヤー	⑨
⑤	シャベル	トンカチ	釘	ノコギリ	ヘルメット	ペンキ	セメント	⑩
	⑱	⑲	⑳	㉑	㉒	㉓	㉔	

①⑩：２番目に言ったものは何ですか。
②⑨：３番目に言ったものは何ですか。
③⑧：６番目に言ったものは何ですか。
④⑦：５番目に言ったものは何ですか。
⑤⑥：真ん中に言ったものは何ですか。
⑪㉔：２番目に言ったものは何ですか。
⑫㉓：４番目に言ったものは何ですか。
⑬㉒：２番目に言ったものは何ですか。
⑭㉑：最後言ったものは何ですか。
⑮⑳：２番目に言ったものは何ですか。
⑯⑲：最初に言ったものは何ですか。
⑰⑱：３番目に言ったものは何ですか。

〈正誤表〉

①	②	③	④	⑤	⑥
⑦	⑧	⑨	⑩	⑪	⑫
⑬	⑭	⑮	⑯	⑰	⑱
⑲	⑳	㉑	㉒	㉓	㉔

基礎力アップトレーニングシリーズ
その４　言葉の比較

（ 問題15～18　設問数20問 ）
（ 問題19～22　設問数160問 ）

いよいよレベルアップです。今度は、いくつかの言葉を一度言ったあと、もう一度、言います。そのとき１度目に言われたものとは一部が違いますので、その違いを正確にとらえ、正答することができるでしょうか。今までの問題よりも、集中力、記憶力が求められます。

【保護者の方へ】

問題15～18は、２回目は１回目と比べて単語が１つ少なくなっています。ですから、レベルとしては基礎的な比較となります。この問題は２回目に読まれなかったものが何かということですが、１回目に読まれとものをしっかりと記憶していなければ答えることはできません。勘に頼るのではなく、違いをしっかりと把握するようにしましょう。

問題19～22は、先ほどの問題と違い、１回目と２回目に読まれるものの数は同じですが、２回目に読まれるワードには、１回目には入っていなかったワードが組み込まれています。ですから２つの問題をしっかりと記憶して違いを発見しなければなりません。慣れてきたら、問題を聞きながら相違点を見つけられるようにしましょう。

【進め方】

各問題、丸数字の順番に問題を解いていってください。

保護者の方は、丸数字に沿って単語をゆっくりと読んでください。

単語を読む前に「今から○個の単語を言います」と読む数を教えてあげても構いません。

読み終えたあと設問を伝え、解答を言わせます。

ワンポイントアドバイス

①と②では、問われている内容こそ同じですが、出題方法は違います。このような同じ問題でも問い方が異なると、問題に対する取り組み方は変わってきます。
どちらもしっかりと聞き分けられることを求められますが、後半の問題の方が、より集中力が求められます。設問も含めて話は聞き漏らさないように、集中力を切らさないようにしましょう。

問題15 言葉の比較

今から数字を２回繰り返して言います。よく聞いて、あとの質問に答えてください。

１回目

①	1	2	3	4	5
②	2	5	4	1	3
③	4	8	5	7	6
④	6	7	8	5	4
⑤	9	1	4	7	3

２回目

①	4	2	1	5
②	1	5	4	2
③	6	4	8	5
④	5	8	4	6
⑤	1	3	7	4

①：２回目に言わなかった数字は何でしたか。
②：２回目に言わなかった数字は何でしたか。
③：２回目に言わなかった数字は何でしたか。
④：２回目に言わなかった数字は何でしたか。
⑤：２回目に言わなかった数字は何でしたか。
⑥：２回目に言わなかった数字は何でしたか。

〈 正誤表 〉

①	②	③	④	⑤

問題16 言葉の比較

今から数字を２回繰り返して言います。よく聞いて、あとの質問に答えてください。

１回目

①	1	2	3	4	5
②	2	5	4	1	3
③	4	8	5	7	6
④	6	7	8	5	4
⑤	9	1	4	7	3

２回目

①	4	2	1	5
②	1	5	4	2
③	6	4	8	5
④	5	8	4	6
⑤	1	3	7	4

①：２回目に言わなかった数字は何でしたか。
②：２回目に言わなかった数字は何でしたか。
③：２回目に言わなかった数字は何でしたか。
④：２回目に言わなかった数字は何でしたか。
⑤：２回目に言わなかった数字は何でしたか。
⑥：２回目に言わなかった数字は何でしたか。

〈 正誤表 〉

①	②	③	④	⑤

問題17 言葉の比較

今から色を２回繰り返して言います。よく聞いて、あとの質問に答えてください。

１回目

①	赤	青	黄色	緑	白
②	桃色	茶色	黒	水色	黄緑
③	黄色	緑	紫	白	橙色
④	水色	黄色	桃色	黒	青
⑤	黄緑	橙色	茶色	赤	紫

２回目

①	赤	黄色	緑	白
②	桃色	茶色	水色	黄緑
③	黄色	緑	紫	橙色
④	黄色	桃色	黒	青
⑤	黄緑	橙色	茶色	赤

①：２回目に言わなかった色は何でしたか。
②：２回目に言わなかった色は何でしたか。
③：２回目に言わなかった色は何でしたか。
④：２回目に言わなかった色は何でしたか。
⑤：２回目に言わなかった色は何でしたか。
⑥：２回目に言わなかった色は何でしたか。

〈 正誤表 〉

①	②	③	④	⑤

問題18 言葉の比較

今からものの名前を２回繰り返して言います。よく聞いて、あとの質問に答えてください。

１回目

①	ドーナッツ	クッキー	飴	チョコレート	大福
②	梅	桜	すもも	あんず	チューリップ
③	キャンプ	懐中電灯	テント	炭	釣り
④	レタス	ピーマン	ニンジン	タマネギ	レンコン
⑤	パトカー	クレーン車	救急車	ダンプ	消防車

２回目

①	チョコレート	ドーナッツ	クッキー	飴
②	チューリップ	梅	すもも	桜
③	懐中電灯	炭	釣り	テント
④	レンコン	タマネギ	ピーマン	レタス
⑤	消防車	ダンプ	救急車	パトカー

①：２回目に言わなかったものは何でしたか。
②：２回目に言わなかったものは何でしたか。
③：２回目に言わなかったものは何でしたか。
④：２回目に言わなかったものは何でしたか。
⑤：２回目に言わなかったものは何でしたか。
⑥：２回目に言わなかったものは何でしたか。

〈 正誤表 〉

①	②	③	④	⑤

問題19 言葉の比較

今から数字を２回繰り返して言います。よく聞いて、あとの質問に答えてください。

	⑥	⑦	⑧	⑨	⑩	
①	8	2	9	5	1	⑪
②	3	5	7	4	6	⑫
③	1	6	5	9	0	⑬
④	4	0	8	1	6	⑭
⑤	7	5	2	0	3	⑮
	⑯	⑰	⑱	⑲	⑳	

	㉖	㉗	㉘	㉙	㉚	
㉑	8	2	6	5	1	㉛
㉒	3	5	7	4	5	㉜
㉓	2	6	5	9	0	㉝
㉔	4	0	8	4	6	㉞
㉕	7	3	2	0	3	㉟
	㊵	㊴	㊳	㊲	㊱	

質問：１回目には言って、２回目には言わなかったものは何ですか。

〈 左の表を先に読む 〉

①～⑤：左から右へ読む
⑥～⑩：上から下へ読む
⑪～⑮：右から左へ読む
⑯～⑳：下から上へ読む

〈 右の表を先に読む 〉

㉑～㉕：左から右へ読む
㉖～㉚：上から下へ読む
㉛～㉟：右から左へ読む
㊱～㊵：下から上へ読む

〈 正誤表 〉

①	②	③	④	⑤
⑥	⑦	⑧	⑨	⑩
⑪	⑫	⑬	⑭	⑮
⑯	⑰	⑱	⑲	⑳
㉑	㉒	㉓	㉔	㉕
㉖	㉗	㉘	㉙	㉚
㉛	㉜	㉝	㉞	㉟
㊱	㊲	㊳	㊴	㊵

問題20 言葉の比較

今から色の名前を２回繰り返して言います。よく聞いて、あとの質問に答えてください。

	⑥	⑦	⑧	⑨	⑩	
①	白	青	緑	赤	黄色	⑪
②	黄色	茶色	水色	桃色	黒	⑫
③	橙色	緑	黄緑	白	紫	⑬
④	青	水色	黒	水色	桃色	⑭
⑤	紫	橙色	桃色	黄緑	茶色	⑮
	⑯	⑰	⑱	⑲	⑳	

	㉖	㉗	㉘	㉙	㉚	
㉑	白	青	緑	黒	黄色	㉛
㉒	茶色	茶色	水色	桃色	黒	㉜
㉓	橙色	緑	黄緑	白	桃色	㉝
㉔	青	赤	黒	水色	桃色	㉞
㉕	紫	橙色	赤	黄緑	茶色	㉟
	㊵	㊴	㊳	㊲	㊱	

質問：１回目には言って、２回目には言わなかったものは何ですか。

〈 左の表を先に読む 〉
①〜⑤：左から右へ読む
⑥〜⑩：上から下へ読む
⑪〜⑮：右から左へ読む
⑯〜⑳：下から上へ読む

〈 右の表を先に読む 〉
㉑〜㉕：左から右へ読む
㉖〜㉚：上から下へ読む
㉛〜㉟：右から左へ読む
㊱〜㊵：下から上へ読む

〈 正誤表 〉

①	②	③	④	⑤
⑥	⑦	⑧	⑨	⑩
⑪	⑫	⑬	⑭	⑮
⑯	⑰	⑱	⑲	⑳
㉑	㉒	㉓	㉔	㉕
㉖	㉗	㉘	㉙	㉚
㉛	㉜	㉝	㉞	㉟
㊱	㊲	㊳	㊴	㊵

問題21　言葉の比較

今からものの名前を２回繰り返して言います。よく聞いて、あとの質問に答えてください。

	⑥	⑦	⑧	⑨	⑩	
①	大福	クッキー	チョコレート	ドーナッツ	飴	⑪
②	チューリップ	桜	タンポポ	梅	すもも	⑫
③	釣り	ライト	炭	キャンプ	テント	⑬
④	ピーマン	ピーマン	タマネギ	レタス	ニンジン	⑭
⑤	消防車	クレーン車	ダンプ	バイク	救急車	⑮
	⑯	⑰	⑱	⑲	⑳	

	㉖	㉗	㉘	㉙	㉚	
㉑	グミ	クッキー	チョコレート	ドーナッツ	飴	㉛
㉒	チューリップ	桜	タンポポ	あんず	すもも	㉜
㉓	釣り	ライト	炭	キャンプ	水	㉝
㉔	ピーマン	キャベツ	タマネギ	レタス	ニンジン	㉞
㉕	消防車	クレーン車	パトカー	バイク	救急車	㉟
	㊵	㊴	㊳	㊲	㊱	

質問：１回目には言って、２回目には言わなかったものは何ですか。

〈 左の表を先に読む 〉
①～⑤：左から右へ読む
⑥～⑩：上から下へ読む
⑪～⑮：右から左へ読む
⑯～⑳：下から上へ読む

〈 右の表を先に読む 〉
㉑～㉕：左から右へ読む
㉖～㉚：上から下へ読む
㉛～㉟：右から左へ読む
㊱～㊵：下から上へ読む

〈 正誤表 〉

①	②	③	④	⑤
⑥	⑦	⑧	⑨	⑩
⑪	⑫	⑬	⑭	⑮
⑯	⑰	⑱	⑲	⑳
㉑	㉒	㉓	㉔	㉕
㉖	㉗	㉘	㉙	㉚
㉛	㉜	㉝	㉞	㉟
㊱	㊲	㊳	㊴	㊵

問題22　言葉の比較

今からものの名前を２回繰り返して言います。よく聞いて、あとの質問に答えてください。

	⑥	⑦	⑧	⑨	⑩	
①	すずめ	かもめ	はと	タカ	カラス	⑪
②	船	飛行機	ヨット	電車	バス	⑫
③	靴下	パンツ	ズボン	シャツ	セーター	⑬
④	雲	太陽	星	虹	月	⑭
⑤	ご飯	食パン	そば	うどん	焼きそば	⑮
	⑯	⑰	⑱	⑲	⑳	

	㉖	㉗	㉘	㉙	㉚	
㉑	すずめ	かもめ	はと	ワシ	カラス	㉛
㉒	船	バス	ヨット	電車	バス	㉜
㉓	靴下	パンツ	ズボン	シャツ	靴下	㉝
㉔	雲	太陽	雨	虹	月	㉞
㉕	うどん	食パン	そば	うどん	焼きそば	㉟
	㊵	㊴	㊳	㊲	㊱	

質問：１回目には言って、２回目には言わなかったものは何ですか。

〈 左の表を先に読む 〉
①～⑤：左から右へ読む
⑥～⑩：上から下へ読む
⑪～⑮：右から左へ読む
⑯～⑳：下から上へ読む

〈 右の表を先に読む 〉
㉑～㉕：左から右へ読む
㉖～㉚：上から下へ読む
㉛～㉟：右から左へ読む
㊱～㊵：下から上へ読む

〈 正誤表 〉

①	②	③	④	⑤
⑥	⑦	⑧	⑨	⑩
⑪	⑫	⑬	⑭	⑮
⑯	⑰	⑱	⑲	⑳
㉑	㉒	㉓	㉔	㉕
㉖	㉗	㉘	㉙	㉚
㉛	㉜	㉝	㉞	㉟
㊱	㊲	㊳	㊴	㊵

基礎力アップトレーニングシリーズ
その５　単語の記憶と質問
（問題23～26　設問数40問）

いよいよレベルアップです。今度は、いくつかの言葉を一度言ったあと、もう一度、言います。そのとき１度目に言われたものとは一部が違いますので、その違いを正確にとらえ、正答することができるでしょうか。今までの問題よりも、集中力、記憶力が求められます。

【保護者の方へ】

質問の中には、お子さまが分からないことも含まれていると思います。今回はあえてそのような問題を盛り込みました。分からない問題があったら、その内容を控えておき、問題が終わったあとにお子さまと一緒に調べてみてみましょう。例えば「水に浮く・沈む」問題などは、保護者の方でも分からないものがあるかもしれません。そのようなときは、ぜひ実験をしてください。また、問題を参考に、日々の生活の中で、浮くものか、沈むものかなどの知識に関心を持つようにしていただきたいと思います。

【進め方】

問題毎に、質問が２つあります。１つずつ答えてから次の問題に取り組みましょう。また、回答について、その理由も聞くようにしましょう。

２つの質問が終わったら、次の問題に移ります。

記憶ができていても、答えが分からないものがあったときはメモを残し、問題が全部終わったら１つずつ検証していきましょう。

ワンポイントアドバイス

記憶を忘れたものがあっても、関連性があれば、引っ張ってくることができますが、関連性がないものの場合、しっかりと記憶しなければなりません。問題に向き合う心構えを整えてから始めるようにしましょう。また、この問題では、１つの単文に対して質問を２つ設けてあります。これは質問時間を長くすることで、しっかりと記憶していないと答えられないようにしました。しかも、そのものを答えるのではなく、読まれたものの記憶を頼りに、思考力が求められる設問にしてあります。

問題23　単語の記憶と質問

今からものの名前をいいます。よく聞いて、あとの質問に答えてください。

①	車	飛行機	電車	自転車	バイク
②	きのこ	メロン	柿	梨	ブドウ
③	ノコギリ	鉛筆	ハサミ	ノート	定規
④	カエル	カラス	トンボ	ネズミ	カマキリ
⑤	小麦粉	酢	塩	砂糖	片栗粉

①・エンジンがないものはどれでしょう。
　・空を飛ぶ乗り物はどれでしょう。
②・他のものと季節が違うのものはどれでしょう。
　・デザートで食べないものはでれでしょう。
③・仲間はずれはどれでしょう。
　・長さを測るものはどれでしょう。
④・卵を産まない生き物はどれでしょう。
　・生まれたときの姿と、大きくなったときの姿が違うものはどれでしょう。
⑤・他の仲間と違うものはどれでしょう。
　・お料理のとき味付けに使うものはどれでしょう。

問題24 単語の記憶と質問

今からものの名前を名前をいいます。よく聞いて、あとの質問に答えてください。

①	モミジ	ヒマワリ	サクラ	アジサイ	イチョウ
②	カツオ	いわし	サバ	タコ	イカ
③	マラソン	野球	ゴルフ	サッカー	卓球
④	キツネ	コアラ	タヌキ	ネコ	トラ
⑤	ゾウ	ライオン	シマウマ	カバ	クマ

①・葉の色が変わるのはどれでしょう。
　・種ができるのはどれでしょう。
②・しりとりでつながるペアはどれとどれでしょう。
　・魚ではない生き物はどれでしょう。
③・仲間はずれのスポーツはどれでしょう。
　・最後の音が同じものはどれでしょう。
④・しりとりをしたとき使わないものはどれでしょう。
　・葉を食べて生きている生き物はどれでしょう。
⑤・仲間はずれはどれでしょう。
　・他の分け方をしてください。どういう分け方をしたか教えてください。

問題25　単語の記憶と質問

今から言うことをよく聞いて、あとの質問に答えてください。

①	おせんべい	しんぶんし	れいぞうこ	キャベツ	ランドセル
②	12	3	7	9	6
③	カブ	ジャガイモ	ニンジン	ダイコン	ハクサイ
④	ほうれんそう	キュウリ	ナス	ピーマン	ゴボウ
⑤	ブドウ	スイカ	ミカン	モモ	イチゴ

①・音の数が違うものはどれですか。
　・２番目に言ったものは何ですか。
②・３人で分けるとき同じ数ずつ分けられないもはどれでしょう。
　・２人で同じ数ずつ分けらるものはどれでしょう。
③・仲間はずれはどれでしょう。
　・音の数が一番多いのはどれですか。
④・仲間はずれはどれでしょう。
　・音の数が一番少ないのはどれですか。
⑤・一番重たいものと、軽いものはどれですか。
　・最初の問題で出てきたものを答えてください。

問題26 単語の記憶と質問

今からいうことをよく聞いて、あとの質問に答えてください。

①	バス	トラック	ヘリコプター	タクシー	電車
②	お玉	まな板	スプーン	フライパン	ナベ
③	ピーマン	キュウリ	ジャガイモ	キャベツ	ナス
④	サツマイモ	ニンジン	ダイコン	レンコン	カボチャ
⑤	掃除機	ちりとり	バケツ	ほうき	雑巾

①・仲間はずれはどれでしょう。
　・別の分け方をしてください。
②・一番音の数が少ないものはどれですか。
　・音の数が一番多いのはどれですか。
③・水に沈むものはどれでしょう。
　・他に沈むものを教えてください。
④・水に沈むものはどれでしょう。
　・他に浮く食べ物を教えてください。
⑤・これらは何をするものですか。
　・「はく」ものはどれですか。

基礎力アップトレーニングシリーズ
その６　単文の暗唱

（問題27〜33　設問数40問）

今までは、聞いた文章を基に、質問に答える形式の問題を行いましたが、今度は、聞いた文章をそのままオウム返しをしなければなりません。ですから、しっかりと聞いていなければ回答できません。より集中力と記憶力が求められる問題です。

【保護者の方へ】

ここで求められていることは、読み上げられた文章を全部覚え、その後に復唱することです。１つひとつの文章は短いですから、集中して話を聞くようにしましょう。そして確実に復唱できるようにしましょう。

入試を目指される方。お話の記憶は長いお話だと1000字を超えてきます。その文量を一度聞いただけで問題に答えるためには、しっかりとした記憶力が必要です。その記憶力ですが、急には身につきません。少しずつ力をつけていくしか方法はありませんので、しっかりと集中して取り組みましょう。

【進め方】

暗唱は、一文一文ずつ行います。ここでは、短文の記憶ですから。大体合っていた、趣旨は合っていたという観点ではなく、一言一句きちんと暗唱しましょう。

ワンポイントアドバイス

暗唱の問題集は集中していることが大切です。また、苦手な場合は、ゆっくり読んであげてくださ。また、1つの文章をしっかり覚えるところから始め、それができたら、2問連続、3問連続を増やしていき、ここでは５つのお話を連続してできる集中力を身につけましょう。

ここに掲載した話でなければいけないということはありません。暗唱が苦手だという場合、お子さまに関係すること、お子さまの身近なことを取り上げてください。

問題27 単文の暗唱

今から文章を一度だけ言いますので、繰り返してください。

①	朝、元気よく起きてきて、みんなにおはようの挨拶をします。
②	ご飯を食べおわったときは、ごちそうさまでしたと挨拶をします。
③	私は夕食の支度のお手伝いをしています。
④	私は幼稚園（保育園）へ行く準備を自分でする。
⑤	幼稚園（保育園）に行ったらお友達と元気に遊ぶ。

〈 評価 ・ コメント 〉

①	
②	
③	
④	
⑤	

問題28　単文の暗唱

今から文章を一度だけ言いますので、繰り返してください。

①	脱いだ服は洗濯カゴに入れておく。
②	私は毎朝、玄関から新聞をとってくる。
③	使ったおもちゃは元の場所に片付ける。
④	食べたあとはきちんと歯を磨きましょう。
⑤	外から帰ったらうがいと手あらをいをする。

〈 評価 ・ コメント 〉

①	
②	
③	
④	
⑤	

問題29 単文の暗唱

今から文章を一度だけ言いますので、繰り返してください。

①	空を見ると大きな白い雲が一つうかんでいた。
②	外に出たら、タンポポがたくさん咲いていた。
③	白と黒のネコが気持ちよく寝ていた。
④	桜の花がたくさん咲いているとワクワクする。
⑤	ヒマワリの花を見るのがとても好きです。

〈 評価 ・ コメント 〉

①	
②	
③	
④	
⑤	

問題30 単文の暗唱

今から文章を一度だけ言いますので、繰り返してください。

①	朝、元気よく起きてきて、みんなにおはようの挨拶をします。
②	ご飯を食べおわったときは、ごちそうさまでしたと挨拶をします。
③	私は夕食の支度のお手伝いをしています。
④	私は幼稚園（保育園）へ行く準備を自分でする。
⑤	幼稚園（保育園）に行ったらお友達と元気に遊ぶ。

〈 評価 ・ コメント 〉

①	
②	
③	
④	
⑤	

問題31 単文の暗唱

今から文章を一度だけ言いますので、繰り返してください。

①	ネズミ君は森で一番脚がはやい。
②	ライオン君は絵を描くのがとてもうまい。
③	クジラ君は背中からたくさんの潮を吹く。
④	亀につれられて竜宮所にいってきた。
⑤	スズメさんは電線に止まって歌ってる。

〈 評価 ・ コメント 〉

①	
②	
③	
④	
⑤	

問題32　単文の暗唱

今から文章を一度だけ言いますので、繰り返してください。

①	ウサギとクマが仲良く魚釣りをしている。
②	キツネ君とタヌキ君が幼稚園（保育園）で遊んでいる。
③	サル君はウサギさんのお家の横に自転車をとめた。
④	ゾウ君とカバ君が森で綱引きをしている。
⑤	トラ君とイヌ君は一緒にピクニックにいった。

〈 評価 ・ コメント 〉

①	
②	
③	
④	
⑤	

問題33 単文の暗唱

今から文章を一度だけ言いますので、繰り返してください。

①	今日は北風が吹いているので、コートを着て出かけた。
②	アリが食べ物を一列に並んでせっせと運んでいる。
③	白い自動車が、凄いスピード走って行った。
④	新しいクレヨンを買ってもらってとても嬉しい。
⑤	サンタクロースはトナカイに乗ってプレゼントを配る。

〈 評価 ・ コメント 〉

①	
②	
③	
④	
⑤	

基礎力アップトレーニングシリーズ
その７　単文の暗唱
（問題34～43　設問数43問）

さぁ、いよいよ仕上げです。ここでは、短文の中に複数の要素を盛り込みました。そして記憶がしっかりできているか確認するため、色々な質問をおこないます。ここでは、お話をベースに数の操作までチャレンジします。

【保護者の方へ】

この問題では記憶した情報を元に、問題に答えていく内容を集めました。今まで学習してきた力を確認する問題ととらえてください。できなかったとは、何ができていなかったのかを把握し、苦手な部分の問題をまた行ってください。

小学校の学習は、授業で聞いた知識を活用して問題を解いていきます。その第一歩と考え取り組んでください。

【進め方】

短文を読んだあと、各質問を行ってください。
質問は１問１問、解答してから次の質問に移ります。
解答が分からない場合、飛ばして次の質問に移ってください。
質問が全て終わったら、分からなかった問題に再挑戦しましょう。

ワンポイントアドバイス

文章自体は短いので、内容を記憶すること自体は難しいことはないと思います。
しかし、各問題、質問が４つずつ設定してあるので、しっかりと記憶できていなければ、内容を忘れ、最後の質問のときには記憶が飛んでしまっているということもあります。先ずはしっかりと記憶することに努め、記憶して情報を活用できるようにしましょう。小学校に入学したとき、「聞く力」が身についていなければ「理解」までたどり着くことができません。先ずは「人の話を最後までしっかりと聞く習慣」を徹底させてください。

【発展】

ステップアップして学習を行いたい方は、弊社発行の「お話の記憶問題集　初級編」をお勧め致します。短いお話で構成されていますから、本書の次の問題集として最適です。

問題34　単文の暗唱

今から短い文章を言いますので、よく覚えてあとの質問に答えてください。

問題

太郎君はアメを４個持っています。花子さんはアメを１個持っています。

質問

①	２人のアメを合わせるといくつになりますか。
②	２人のアメを比べると、どちらが幾つ多いですか。
③	２人のアメを同じ数ずつ分けると幾つ余りますか。
④	２人が５個ずつ分けるにはあといくつあればよいですか。

〈 メモ 〉

①	
②	
③	
④	

問題35　単文の暗唱

今から短い文章を言いますので、よく覚えてあとの質問に答えてください。

問題

キジさんはゆで卵を２個もらい、ハトさんは欲張って５個ももらいました。

質問

①	２匹がもらった卵を合わせるといくつになりますか。
②	２匹がもらった卵を比べると、どちらが幾つ多いですか。
③	２匹が卵を同じ数ずつ分けると幾つ余りますか。
④	２匹が卵を４個ずつ分けるためにはあといくつ必要ですか。

〈 メモ 〉

①	
②	
③	
④	

問題36 単文の暗唱

今から短い文章を言いますので、よく覚えてあとの質問に答えてください。

問題

文房具屋さんに行き、キツネさんは７本、ライオン君は４本、鉛筆を買いました。

質問

①	２匹が買った鉛筆を合わせると何本になりますか。
②	２匹が買った鉛筆を比べると、どちらが何本少ないですか。
③	２匹が鉛筆を同じ本数ずつ分けると幾つ余りますか。
④	２匹が鉛筆を６本ずつ分けるためにはあと何本足りませんか。

〈 メモ 〉

①	
②	
③	
④	

問題37　単文の暗唱

今から短い文章を言いますので、よく覚えてあとの質問に答えてください。

問題	潮干狩りに行きました。イルカさんは３個、タコさんは６個、貝を取りました。

質問		
	①	２匹が採った貝を合わせるといくつになりますか。
	②	２匹が採った貝を比べると、どちらが何個少ないですか。
	③	２匹が貝を７個ずつ分けるためにはあと何個足りませんか。
	④	カニさんがやってきて貝を３つくれました。全部で何個になりますか。

〈メモ〉

①	
②	
③	
④	

問題38　単文の暗唱

今から短い文章を言いますので、よく覚えてあとの質問に答えてください。

問題

春になり、サクラ池の周りにはチューリップが６本、菜の花が８本咲いていました。

質問

①	２つの花を合わせると何本になりますか。
②	２つの花を比べると、どちらが何本少ないですか。
③	２つの花を８本ずつ分けるためにはあと何本足りませんか。
④	少し離れた所にスミレが２本咲いていました。咲いている花は全部で何本ですか。

〈メモ〉

①	
②	
③	
④	

問題39 単文の暗唱

今から短い文章を言いますので、よく覚えてあとの質問に答えてください。

問題

森にいる動物達はドングリ拾いをしました。サル君は1個、タヌキ君は5個、リスさんは2個拾いました。

質問

①	3匹のドングリを合わせると全部でいくつになりますか。
②	ドングリを多く拾った順番に言ってください。
③	ドングリを3匹で同じ数ずつ分けると幾つ余りますか。
④	3匹でドングリを5個ずつ分けるには、あといくつ必要ですか。

〈メモ〉

①	
②	
③	
④	

問題40　単文の暗唱

今から短い文章を言いますので、よく覚えてあとの質問に答えてください。

問題

みんなでゲームをするのに、イヌさんはおはじきを３個、 ネコさんは４個、鳥さんは６個持っています。

質問

①	３匹のおはじきを合わせると全部でいくつになりますか。
②	おはじきを多く持っている順番に言ってください。
③	おはじきを３匹で同じ数ずつ分けると幾つ余りますか。
④	３匹でおはじきを５個ずつ分けるにはあといくつ必要ですか。

〈メモ〉

①	
②	
③	
④	

問題41　単文の暗唱

今から短い文章を言いますので、よく覚えてあとの質問に答えてください。

問題

冬の晴れた日、ゴリラ君とトラ君とカバ君はミカンを採りに行きました。 ゴリラ君は3個、トラ君は6個、カバ君は4個採りました。

質問

①	3匹が採ったミカンを合わせると全部でいくつになりますか。
②	ミカンが少ない順に動物の名前を言ってください。
③	ミカンを3匹で同じ数ずつ分けると幾つ余りますか。
④	3匹でミカンを6個ずつ分けるにはあといくつ必要ですか。

〈メモ〉

①	
②	
③	
④	

問題42 単文の暗唱

今から短い文章を言いますので、よく覚えてあとの質問に答えてください。

問題

おまんじゅうを12個買いました。トラ君は甘いものが苦手なので2個、ワニさんは6個食べました。

質問

①	3匹が食べた数を合わせると全部でいくつですか。
②	食べた数が多い順番に言ってください。
③	おまんじゅうは幾つ残っていますか。
④	みんなで同じ数ずつ食べると、それぞれ何個食べられますか。

〈メモ〉

①	
②	
③	
④	

問題43　単文の暗唱

今から短い文章を言いますので、よく覚えてあとの質問に答えてください。

問題

山へキノコを採りに行きました。そこには14本のキノコが生えていて、スズメ君が3本、カラス君は6本、ハト君は4本採りました。

質問

①	3羽が採ったキノコの数を合わせると全部でいくつですか。
②	採った数が少ない順番に言ってください。
③	キノコは幾つ残っていますか。
④	生えているキノコをみんなで同じ数ずつ分けると何個ずつ分けられますか。

〈メモ〉

①	
②	
③	
④	

年　月　日

お客様注文書

（フリガナ）
氏　名　　　　　　　　　　　　　　　　様

電　話

E-mail

住　所　〒　　　　　ー

配達指定等

書　名	本体	数量	書　名	本体	数量	書　名	本体	数量	書　名	本体	数量	書　名	本体	数量
ジュニアウォッチャー			**NEWウォッチャーズ国立セレクト**			**基礎力アップトレーニングシリーズ**			**首都圏・学校別問題集**			**近畿圏/地方・学校別問題集**		
1 点・線図形	1500		NW国言語 1	2000		聞く力・記憶力アップ	1500		成蹊過去	2000		洛南・立命	2300	
2 座標	1500		NW国言語 2	2000		スピードアップ	1500		暁星過去	2000		追手門・関大	2300	
3 パズル	1500		NW国理科 1	2000					慶應幼稚舎	2000		関学・雲雀	2300	
4 同図形探し	1500		NW国理科 2	2000					早稲田過去	2000		城星・帝塚山学院	2300	
5 回転・展開	1500		NW国図形 1	2000					立教過去	2000		帝塚山・近小	2300	
6 系列	1500		NW国図形 2	2000					学習院	2000		京都国立	2300	
7 迷路	1500		NW国記憶 1	2000					青山	2000		天王寺過去	2000	
8 対称	1500		NW国記憶 2	2000					雙葉過去	2000		平野過去	2000	
9 合成	1500		NW国数量 1	2000					白百合過去	2000		池田過去	2000	
10 四方観察	1500		NW国数量 2	2000					豊明過去	2000		仁川合格	2300	
11 色々な仲間	1500		NW国常識 1	2000					女学館過去	2000		はつしば合格	2300	
12 日常生活	1500		NW国常識 2	2000		**保護者のてびき**			聖心女子	2000		賢明合格	2300	
13 時間の流れ	1500		NW国推理 1	2000		子どもの「できない」は親のせい	1800		東洋英和	2000		智辯・四天合格	2300	
14 数える	1500		NW国推理 2	2000		お助けハンドブック　学習編	1800		立教女学院	2000		天王寺合格	2000	
15 比較	1500		**NEWウォッチャーズ私立セレクト**			お助けハンドブック　生活編	1800		淑徳・宝仙	2000		宇大・作新	2500	
16 積み木	1500		NW私言語 1	2000		子育ては「親育」	1800		星美過去	2000		愛知私立過去	2300	
17 言葉の音遊び	1500		NW私言語 2	2000		子どもの帝王学	1800		都市大過去	2000		愛知国立過去	2300	
18 色々な言葉	1500		NW私理科 1	2000					東農大稲花	2000		ノートル・朝日	2500	
19 お話の記憶	1500		NW私理科 2	2000		**B4判_総合学習ワーク**			桐朋学園	2000		岡大附小	2500	
20 見る聴く記憶	1500		NW私図形 1	2000		ﾍﾞｽﾄｾﾚｸｼｮﾝA	2600		慶應横浜	2000		広島私立	2500	
21 お話づくり	1500		NW私図形 2	2000		ﾍﾞｽﾄｾﾚｸｼｮﾝB	2600		洗足過去	2000		広島国立	2500	
22 想像画	1500		NW私記憶 1	2000		ﾍﾞｽﾄｾﾚｸｼｮﾝC	2600		日出学園	2000		鳴教大附小	2500	
23 切る貼る塗る	1500		NW私記憶 2	2000		**B4判_幼稚園受験用ワーク**			国府台・昭和	2000		西南・福教	2500	
24 絵画	1500		NW私数量 1	2000		ｽﾃｯﾌﾟｱｯﾌﾟ 1	3000		浦和ルーテル	2000		北海道版	2500	
25 生活巧緻性	1500		NW私数量 2	2000		ｽﾃｯﾌﾟｱｯﾌﾟ 2	3000		文理・星野	2000		福島版	2000	
26 文字・数字	1500		NW私常識 1	2000		ｽﾃｯﾌﾟｱｯﾌﾟ 3	3000		筑波過去	2000		新潟版	2300	
27 理科	1500		NW私常識 2	2000		**袋入りプリントタイプ問題集**			お茶の水	2000		群馬版	2500	
28 運動	1500		NW私推理 1	2000		ゆびさき①	2500		竹早過・対	2000		静岡版	2500	
29 行動観察	1500		NW私推理 2	2000		ゆびさき②	2500		世田谷過去	2000		香川版	2500	
30 生活習慣	1500		NW私推理 2	2000		ゆびさき③	2500		大泉過去	2000		**情報誌・読み物・エッセイ**		
31 推理思考	1500		**まいにちウォッチャーーズ**			最強マニュアル	2000		小金井過去	2000		首都小てびき	2500	
32 ﾌﾞﾗｯｸﾎﾞｯｸｽ	1500		段階別 導入①	2000		面接テスト	2000		横浜過去	2000		幼稚園てびき	2500	
33 シーソー	1500		段階別 導入②	2000		新口頭試問	2500		鎌倉過去	2000		近畿小てびき	2900	
34 季節	1500		段階別 導入③	2000		新運動テスト	2200		埼玉過去	2000		新文例集500	2600	
35 重ね図形	1500		段階別 導入④	2000		新ノンペーパー	2600		千葉過去	2000		小学校面接QA	2600	
36 同数発見	1500		段階別 練習①	2000		厳選難問集①	2600		都市大合格	2000		小学校受験125	2600	
37 選んで数える	1500		段階別 練習②	2000		厳選難問集②	2600		昭和女子合格	2000		新幼稚園入園Q&A	2600	
38 たし算ひき算①	1500		段階別 練習③	2000		おうちチャレンジ①	1800		慶應横浜合格	2000		幼稚園面接Q&A	2600	
39 たし算ひき算②	1500		段階別 練習④	2000		おうちチャレンジ②	1800		精華合格	2000		保護者のてびき①	1800	
40 数を分ける	1500		段階別 実践①	2000		苦手克服　数量	2000		洗足合格	2000		保護者のてびき②	1800	
41 数の構成	1500		段階別 実践②	2000		苦手克服　図形	2000		横浜雙葉合格	2000		保護者のてびき③	1800	
42 一対多の対応	1500		段階別 実践③	2000		苦手克服　言語	2000		森村合格	2000		保護者のてびき④	1800	
43 数のやりとり	1500		段階別 実践④	2000		苦手克服　常識	2000		日出合格	2000		保護者のてびき⑤	1800	
44 見えない数	1500		段階別 応用①	2000		苦手克服　記憶	2000		筑波ラストスパート	2000		学級通信	1800	
45 図形分割	1500		段階別 応用②	2000		苦手克服　推理	2000		筑波お話の記憶	2200		35のたね	1600	
46 回転図形	1500		段階別 応用③	2000		ｳｫｯﾁｬｰｽﾞｱﾚﾝｼﾞ①	2000							
47 座標の移動	1500		段階別 応用④	2000		ｳｫｯﾁｬｰｽﾞｱﾚﾝｼﾞ②	2000							
48 鏡図形	1500		**国立用総合ワーク**			ｳｫｯﾁｬｰｽﾞｱﾚﾝｼﾞ③	2000							
49 しりとり	1500		国立総集編 A	3282		ｳｫｯﾁｬｰｽﾞｱﾚﾝｼﾞ④	2000							
50 観覧車	1500		国立総集編 B	3282		お話の記憶 初級	2600							
51 運筆①	1500		国立総集編 C	3282		お話の記憶 中級	2000							
52 運筆②	1500		**しつもん付き読み聞かせ本**			お話の記憶 上級	2000							
53 四方観察積木	1500		お話集①	1800		口頭試問-ペーパーレス編-	2000		**合　計**					
54 図形の構成	1500		お話集②	1800		口頭試問-生活体験編-	2000		冊			円（税別）		
55 理科②	1500													
56 マナーとルール	1500													
57 置き換え	1500													
58 比較②	1500													
59 欠所補完	1500													
60 言葉の音	1500													

※お支払いは現金、またはクレジットカードによる「代金引換」となります。また、代金には消費税がかかります。
※お受け取り時間のご指定は、「午前中」以降は約2時間おきになります。
※ご住所によっては、ご希望にそえない場合がございます。

日本学習図書（ニチガク）

Mail : info@nichigaku.jp / TEL : 03-5261-8951 / FAX : 03-5261-8953

★ご記入いただいた個人情報は、弊社にて厳重に管理いたします。なお、ご購入いただいた商品発送の他に、弊社発行の書籍案内、書籍に関する調査に使用させていただく場合がございますので、予めご了承ください。※落丁・乱丁以外の理由による商品の返品・交換には応じかねます。

ニチガクの
小学校受験用問題集

分野別・基礎・応用 問題集

ジュニア・ウォッチャー（既刊60巻）

1.点・線図形　2.座標　3.パズル　4.同図形探し
5.回転・展開　6.系列　7.迷路　8.対称　9.合成
10.四方からの観察　11.色々な仲間　12.日常生活
13.時間の流れ　14.数える　15.比較　16.積み木
17.言葉の音遊び　18.色々な言葉　19.お話の記憶
20.見る・聴く記憶　21.お話作り　22.想像画
23.切る・貼る・塗る　24.絵画　25.生活巧緻性
26.文字・数字　27.理科　28.運動観察　29.行動観察　30.生活習慣
31.推理思考　32.ブラックボックス　33.シーソー　34.季節
35.重ね図形　36.同数発見　37.選んで数える　38.たし算・ひき算1
39.たし算・ひき算2　40.数を分ける　41.数の構成
42.一対多の対応　43.数のやりとり　44.見えない数　45.図形分割
46.回転図形　47.座標の移動　48.鏡図形　49.しりとり
50.観覧車　51.運筆①　52.運筆②　53.四方からの観察-積み木編-
54.図形の構成　55.理科②　56.マナーとルール　57.置き換え
58.比較②　59.欠所補完　60.言葉の音（おん）　（以下続刊）

★出題頻度の高い9分野の問題を、さらに細分化した分野別の入試練習帳。基礎から簡単な応用までを克服！

1話5分の 読み聞かせお話集①
1話5分の 読み聞かせお話集②

★入試に頻出のお話の記憶問題を、国内外の童話や昔話、偉人伝などから選んだお話と質問集。学習の導入に最適。

お話の記憶問題集 －初級・中級・上級編－

★お話の記憶問題のさまざまな出題傾向を網羅した、実践的な問題集。

まいにちウォッチャーズ 小学校入試段階別ドリル（全16巻）

導入編：Lv. 1～4　練習編：Lv. 1～4
実践編：Lv. 1～4　応用編：Lv. 1～4

★巧緻性・図形・数量・言語・理科・記憶・常識・推理の8分野が1冊で学べる。1冊に32問掲載。全16段階のステップでムラのない学習ができる。

新 口頭試問・個別テスト問題集

国立・私立小学校で出題された個別口頭形式の類似問題に面接形式で答える個別テスト問題をプラス。35問掲載。

新 ノンペーパーテスト問題集

国立・私立小学校で幅広く出題される、筆記用具を使用しない分野の問題を40問掲載。

新 運動テスト問題集

国立・私立小学校で出題された運動テストの類似問題35問掲載。

ガイドブック

小学校受験で知っておくべき125のこと／新 小学校の入試面接Q＆A

★過去に寄せられた、電話や葉書による問い合わせを整理し、受験に関するさまざまな情報をQ＆A形式でまとめました。これから受験を考える保護者の方々必携の1冊です。

新 小学校受験のための願書の書き方から面接まで

★各学校の願書・調査書・アンケート類を掲載してあります。重要な項目については記入文例を掲載しました。また、実際に行なわれた面接の形態から質問内容まで詳細にわたってカバーしてあり、願書の記入方法や面接対策の必読書です。

新 小学校受験 願書・アンケート文例集500

★願書でお悩みの保護者に朗報！ 有名私立小学校や難関国立小学校の願書やアンケートに記入するための適切な文例を、質問の項目別に収録。合格をつかむためのヒントが満載！ 願書を書く前に、ぜひ一度お読みください！

小学校受験に関する保護者の悩みQ＆A

★受験を控えたお子さまを持つ保護者の方約1,000人に、学習・生活・躾などに関する悩みや問題を徹底取材。その中から厳選した、お悩み200例以上にお答えしました。「ふだんの生活」と「入試直前」のアドバイスの2本立てで、お悩みをスッキリ解決します。

基礎力アップトレーニングシリーズ 1
聞く力・記憶力アップ

発行日　2024年1月22日
発行所　〒162-0821　東京都新宿区津久戸町 3-11-9F
日本学習図書株式会社
電　話　03-5261-8951 ㈹

ISBN978-4-7761-3143-4
C6037 ￥1500E
定価　本体1,500円＋税

9784776131434
1928037015004

詳細は http://www.nichigaku.jp　日本学習図書　検索

基礎力アップ
トレーニングシリーズ２
スピードアップ

〈はじめに〉

このシリーズは、お子さまの学力をアップするために必要不可欠な力を身につけることを目的としています。
お子さまの力を伸ばそうと、いきなり問題集を行う方がいますが、それは効果的な学習とはいえません。賢くなるためには、賢くなるための要素を身につける必要があります。
弊社に寄せられる質問や講演後の相談で、「何からすればよいのか」「どのように取り組めばよいのか」といった内容が多数寄せられます。
そのような方に応えるべく、今までにない問題集を制作致しました。優しい内容から徐々にレベルアップするように編集してありますので、どなたにも無理なく取り組むことができます。

～ 本書をおこなうときの５箇条 ～

①. 楽しくおこなう
②. 片付いた部屋で、出題者は壁を背後に座る
③. お子さまの集中力に合わせて無理なくおこなう
④. できれば同シリーズの別の問題集と組み合わせて総合的に行う
⑤. 継続しておこなう

この５箇条を心得た上で取り組んでください。
また、問題集をすると子どもが解答を覚えてしまうという経験はありませんか。本シリーズは出題の方法を工夫することで、問題数が何倍にも広がります。そのような使用方法も本文に盛り込んであります。
ですから安心して何回でも使用できます。
本書は、シリーズを単体で行う方法もありますが、問題集を行う前に軽く受験をされる方なら試験前の基礎力の確認としてもお勧めです。ウォーミングアップとして、楽しみながら取り組んでください。

日本学習図書株式会社
代表取締役
後藤　耕一朗

面接 願書

日本学習図書（ニチガク）

入試対策はペーパーテスト学習だけじゃない！
保護者の苦労をサポートする
人気ラインナップのご紹介!!

面接って何を聞かれるの？

どんな服装がいいの？

両親で参加しないといけないの？

願書にはどんなことを書くの？

小学校受験での「保護者の役割」といえば、志望校や塾の選択、また家庭におけるお子さまの学習指導などさまざま。意識としても、お子さまの学力のことに向きがちです。しかし、小学校受験の本質は「お子さまの調査」ではなく「家庭の調査」。学校は、それぞれの教育方針とマッチしている家庭、善き保護者を迎えるために、入試を行っています。お子さまへの躾をとおして見える保護者の姿もありますが、「面接」「願書」に至っては、まさにその観点は直接的。つまり、小学校受験における「保護者の役割」には、その対策がどうしても含まれることになり、ゆえに、毎年多くの方が悩まれるのです。

日本学習図書では、これまで保護者の方々から受けた相談をもとに、専用の問題集・書籍を発行しております。実際に面接官をされた先生方への取材内容も反映させていますので、各読み物の記事や文例などは、非常に充実した内容となっています。

また、プリント形式の「面接テスト問題集」「保護者のための最強マニュアル」は、ご家庭での判定も可能なチェックシート付き。各回掲載のアドバイスも詳細なので、面接練習に最適です。

お子さまの学習の傍ら、ぜひ、保護者さまの「学習」にご活用ください。

面接・願書対策のベストセラー

お子さま向け

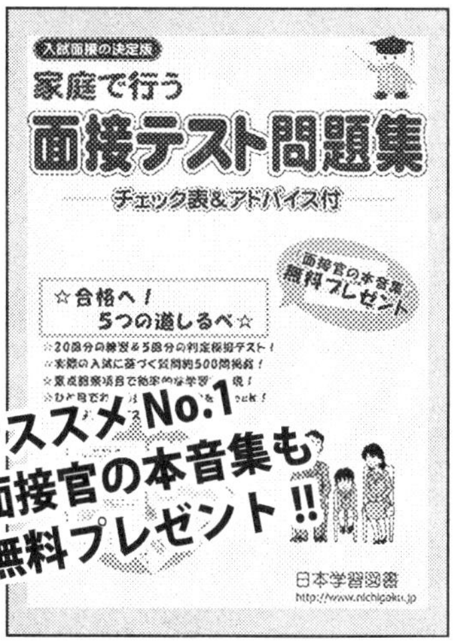

オススメNo.1
面接官の本音集も
無料プレゼント!!

家庭で行う
面接テスト問題集
2,200円（税込み）

保護者様向け

保護者のための
入試面接最強マニュアル
2,200円（税込み）

保護者様向け

新・小学校受験の
入試面接 Q&A
2,860円（税込み）

保護者様向け

新・願書／アンケート／作文
文例集 500
2,860円（税込み）

面接・願書対策のベストセラー

書籍についてのご注文・お問い合わせ
TEL 03-5261-8951
http://www.nichigaku.jp/
※ご注文方法、書籍についての詳細は、Webサイトをご覧ください。
日本学習図書　検索

〈使用方法〉

●本書は、５つの課題を設け、処理スピードのアップを狙ったプリントです。問題を２回１セットで行うとより効果的です。１回行った課題は、慣れていますから、次にやるときはスピードが上がります。その効果を用いて、処理スピードを上げることが狙いです。

●１回目は、全てのマスを埋めるのにどれくらいの時間がかかったのか計測をします。２回目は、同じ問題をもう一度おこないますが、今度は、設定された時間内にどれだけできたか時間を計測します。

●できるだけ丁寧に書くことは言うまでもありません。雑なものはできているとは言えませんから、書いた数からは除きます。

●練習用のプリントもあります。何度でも復習したり、アレンジをして行うことができますのでご活用ください。

●記号を書くときは始点、頂点、終点をしっかりと書きましょう。

●書くときは、マスからはみ出さないようにしましょう。

【取り組むときの注意点】

１．周りに気が散るものがないか確認し、環境を整えます。
２．いきなり問題を始めるのではなく、深呼吸や黙想などを取り入れ、落ち着いた状態で始められるようにしましょう。
３．問題を始める前に、これから行う問題がどのようなものか説明をしてください。
４．問題を読むときはゆっくり読む。
５．間違えたときは、もう一度、問題を読んであげましょう。

※ 慣れないうちは１問毎に確認作業を行いますが、慣れてきたらまとめて行ってもかまいません。

問題 1　記号書き

上に書いてある記号を、丁寧にできるだけ多く書いてください。マスからはみ出してはいけません。

○

時間	
数	個

問題2 記号書き

今度は、「止め」というまで、丁寧にできるだけ多く書いてください。マスからはみ出してはいけません。

○

回答時間：20秒

回答数	

問題3 記号書き

上に書いてある記号を、丁寧にできるだけ多く書いてください。マスからはみ出してはいけません。

△

時間	
数	個

問題4 記号書き

今度は、「止め」というまで、丁寧にできるだけ多く書いてください。マスからはみ出してはいけません。

△

回答時間：20秒

回答数	

問題5　記号書き

上に書いてある記号を、丁寧にできるだけ多く書いてください。マスからはみ出してはいけません。

□

時間	
数	個

問題6　記号書き

今度は、「止め」というまで、丁寧にできるだけ多く書いてください。マスからはみ出してはいけません。

□

回答時間：20秒

回答数	

問題7　記号書き

上に書いてある記号を、丁寧にできるだけ多く書いてください。マスからはみ出してはいけません。

○△

時間	
数	個

問題8 記号書き

今度は、「止め」というまで、丁寧にできるだけ多く書いてください。マスからはみ出してはいけません。

○△

回答時間：20秒

回答数	

問題9　記号書き

上に書いてある記号を、丁寧にできるだけ多く書いてください。マスからはみ出してはいけません。

△□

時間	
数	個

問題10　記号書き

今度は、「止め」というまで、丁寧にできるだけ多く書いてください。マスからはみ出してはいけません。

△□

回答時間：20秒

回答数	

問題11 記号書き

上に書いてある記号を、丁寧にできるだけ多く書いてください。マスからはみ出してはいけません。

○△□

時間	
数	個

問題12　記号書き

今度は、「止め」というまで、丁寧にできるだけ多く書いてください。マスからはみ出してはいけません。

○△□

回答時間：20秒

回答数	

問題13 同じ数字

上にある数字と同じものを○で囲んでください。できるだけ早くしましょう。

3

時間	
数	個

2	5	3	3	4	7	8	3	6	3
3	3	7	9	4	1	2	8	9	3
3	5	3	7	1	1	4	3	8	3
3	5	1	3	4	8	6	4	3	3
1	9	2	3	1	5	8	3	4	5
2	3	7	5	8	6	3	3	1	2

問題14 同じ数字

今度は、「止め」というまで、上にある数字と同じものを○で囲んでください。

3

回答時間：30秒

回答数	

2	5	3	3	4	7	8	3	6	3
3	3	7	9	4	1	2	8	9	3
3	5	3	7	1	1	4	3	8	3
3	5	1	3	4	8	6	4	3	3
1	9	2	3	1	5	8	3	4	5
2	3	7	5	8	6	3	3	1	2

問題15 同じ数字

上にある数字と同じものを△で囲んでください。できるだけ早くしましょう。

2

時間	
数	個

2	3	2	5	2	8	1	7	3	3
5	4	1	6	2	4	2	8	1	2
2	9	2	5	8	2	7	6	4	4
6	7	2	7	9	2	3	8	1	2
7	6	5	2	9	2	9	4	2	2
6	5	3	2	2	2	9	1	8	2

問題16　同じ数字

今度は、「止め」というまで、上にある数字と同じものを△で囲んでください。

2

回答時間：30秒

回答数	

2	3	2	5	2	8	1	7	3	3
5	4	1	6	2	4	2	8	1	2
2	9	2	5	8	2	7	6	4	4
6	7	2	7	9	2	3	8	1	2
7	6	5	2	9	2	9	4	2	2
6	5	3	2	2	2	9	1	8	2

問題17 同じ数字

上にある数字と同じものを口で囲んでください。できるだけ早くしましょう。

6

時間	
数	個

9	5	6	6	4	8	9	3	6	2
5	3	7	1	4	2	1	8	6	2
6	4	6	8	2	2	5	6	6	4
6	6	6	1	5	8	6	2	3	6
7	6	4	2	3	5	8	3	4	6
2	3	6	6	1	6	3	6	8	6

問題18 同じ数字

今度は、「止め」というまで、上にある数字と同じものを□で囲んでください。

6

回答時間：30秒

回答数	

9	5	6	6	4	8	9	3	6	2
5	3	7	1	4	2	1	8	6	2
6	4	6	8	2	2	5	6	6	4
6	6	6	1	5	8	6	2	3	6
7	6	4	2	3	5	8	3	4	6
2	3	6	6	1	6	3	6	8	6

問題19 同じ数字

上にある数字と同じものを○で囲んでください。できるだけ早くしましょう。

8

時間	
数	個

8	8	8	0	3	5	4	8	0	8
6	8	2	3	3	1	5	2	4	6
8	7	5	1	2	8	4	0	8	8
3	7	8	1	8	3	4	0	3	8
5	6	8	6	9	8	0	2	5	8
7	8	8	9	8	1	4	2	1	8

問題20　同じ数字

今度は、「止め」というまで、上にある数字と同じものを○で囲んでください。

8

回答時間：30秒

回答数	

8	8	8	0	3	5	4	8	0	8
6	8	2	3	3	1	5	2	4	6
8	7	5	1	2	8	4	0	8	8
3	7	8	1	8	3	4	0	3	8
5	6	8	6	9	8	0	2	5	8
7	8	8	9	8	1	4	2	1	8

問題21 同じ数字

上にある数字と同じものを○で囲んでください。できるだけ早くしましょう。

7

時間	
数	個

2	5	7	7	4	3	8	7	6	7
7	7	3	9	4	1	2	8	9	7
7	5	7	3	1	1	4	7	8	7
7	5	1	7	4	8	6	4	7	7
1	9	2	7	1	5	8	7	4	5
2	7	3	5	8	6	7	7	1	2

問題22 同じ数字

今度は、「止め」というまで、上にある数字と同じものを○で囲んでください。

7

回答時間：30秒

回答数	

2	5	7	7	4	3	8	7	6	7
7	7	3	9	4	1	2	8	9	7
7	5	7	3	1	1	4	7	8	7
7	5	1	7	4	8	6	4	7	7
1	9	2	7	1	5	8	7	4	5
2	7	3	5	8	6	7	7	1	2

問題23　同じ記号

上にある記号と同じものを「／」線で消してください。できるだけ早くしましょう。

△

時間	
数	個

○	△	△	□	○	○	×	☆	△	△
□	×	○	☆	△	×	○	□	×	△
○	□	△	○	△	☆	△	☆	×	×
☆	□	△	△	×	△	☆	○	×	☆
△	△	×	△	☆	△	△	☆	○	△
□	□	×	△	☆	○	×	□	△	△

問題24 同じ記号

今度は、「止め」というまで、上にある記号と同じものを「／」線で消してください。

△

回答時間：30秒

回答数	

○	△	△	□	○	○	×	☆	△	△
□	×	○	☆	△	×	○	□	×	△
○	□	△	○	△	☆	△	☆	×	×
☆	□	△	△	×	△	☆	○	×	☆
△	△	×	△	☆	△	△	☆	○	△
□	□	×	△	☆	○	×	□	△	△

問題25 同じ記号

上にある記号と同じものを「－」線で消してください。できるだけ早くしましょう。

○

時間	
数	個

○	△	□	□	×	○	△	☆	☆	○
×	△	☆	○	○	☆	☆	×	○	□
☆	×	○	○	☆	△	△	○	□	□
×	○	○	□	△	○	☆	○	○	×
□	☆	×	○	△	△	○	△	□	×
×	○	□	△	○	☆	○	□	○	×

問題26　同じ記号

今度は、「止め」というまで、上にある記号と同じものを「－」線で消してください。

○

回答時間：30秒

回答数	

○	△	□	□	×	○	△	☆	☆	○
×	△	☆	○	○	☆	☆	×	○	□
☆	×	○	○	☆	△	△	○	□	□
×	○	○	□	△	○	☆	○	○	×
□	☆	×	○	△	△	○	△	□	×
×	○	□	△	○	☆	○	□	○	×

問題27　同じ記号

上にある記号と同じものを「－」線で消してください。できるだけ早くしましょう。

△

時間	
数	個

△	○	×	○	×	△	☆	□	△	△
□	△	☆	×	△	×	□	△	△	×
□	△	☆	☆	△	×	○	○	×	○
☆	○	□	×	△	☆	○	☆	□	○
□	☆	△	△	□	△	□	○	△	△
△	□	×	△	×	☆	△	☆	○	△

問題28　同じ記号

今度は、「止め」というまで、上にある記号と同じものを「－」線で消してください。

△

回答時間：30秒

回答数	

△	○	×	○	×	△	☆	□	△	△
□	△	☆	×	△	×	□	△	△	×
□	△	☆	☆	△	×	○	○	×	○
☆	○	□	×	△	☆	○	☆	□	○
□	☆	△	△	□	△	□	○	△	△
△	□	×	△	×	☆	△	☆	○	△

問題29　同じ記号

上にある記号と同じものを「／」線で消してください。できるだけ早くしましょう。

▽

時間	
数	個

▽	◁	△	△	▷	▷	◁	▽	▽	△
◁	▽	▽	▷	▽	◁	▽	△	▽	▷
◁	△	◁	△	▽	▽	▽	▷	△	▷
▷	△	▷	▽	◁	◁	▷	▽	△	▷
▷	▽	△	▷	◁	▽	▷	▽	◁	▽
△	▷	◁	▽	◁	△	◁	△	▽	▽

問題30　同じ記号

今度は、「止め」というまで、上にある記号と同じものを「／」線で消してください。

▽

回答時間：30秒

回答数	

▽	◁	△	△	▷	▷	◁	▽	▽	△
◁	▽	▽	▷	▽	◁	▽	△	▽	▷
◁	△	◁	△	▽	▽	▽	▷	△	▷
▷	△	▷	▽	◁	◁	▷	▽	△	▷
▷	▽	△	▷	◁	▽	▷	▽	◁	▽
△	▷	◁	▽	◁	△	◁	△	▽	▽

問題31 同じ記号

上にある記号と同じものを「／」線で消してください。できるだけ早くしましょう。

×

時間	
数	個

○	×	×	□	○	○	△	☆	×	×
□	△	○	☆	×	△	○	□	△	×
○	□	×	○	×	☆	×	☆	△	△
☆	□	×	×	△	×	☆	○	△	☆
×	×	△	×	☆	×	×	☆	○	×
□	□	△	×	☆	○	△	□	×	×

問題32　同じ記号

今度は、「止め」というまで、上にある記号と同じものを「／」線で消してください。

×

回答時間：30秒

回答数	

○	×	×	□	○	○	△	☆	×	×
□	△	○	☆	×	△	○	□	△	×
○	□	×	○	×	☆	×	☆	△	△
☆	□	×	×	△	×	☆	○	△	☆
×	×	△	×	☆	×	×	☆	○	×
□	□	△	×	☆	○	△	□	×	×

問題33　同じ文字

上に書いてある文字と同じものを全部○で囲んでください。

か

時間	
数	個

か	く	け	か	き	き	こ	こ	か	け
く	き	け	か	か	こ	か	き	く	け
か	か	か	こ	き	こ	か	け	け	く
き	け	か	く	こ	く	き	こ	か	け
く	こ	か	か	き	か	か	き	か	け
か	こ	く	く	こ	く	き	か	け	か

問題34 同じ文字

今度は、「止め」というまで、上に書いてある文字と同じものを○で囲んでください。

か

回答時間：30秒

回答数	

か	く	け	か	き	き	こ	こ	か	け
く	き	け	か	か	こ	か	き	く	け
か	か	か	こ	き	こ	か	け	け	く
き	け	か	く	こ	く	き	こ	か	け
く	こ	か	か	き	か	か	き	か	け
か	こ	く	く	こ	く	き	か	け	か

問題35　同じ文字

上に書いてある文字と同じものを全部○で囲んでください。

あ

時間	
数	個

あ	お	い	う	え	あ	い	う	あ	う
い	う	え	あ	あ	お	あ	え	お	い
う	あ	お	あ	え	あ	お	あ	い	え
い	う	え	あ	あ	お	あ	い	え	う
あ	う	う	お	い	え	あ	あ	う	お
あ	え	あ	あ	う	い	お	お	い	あ

問題36 同じ文字

今度は、「止め」というまで、上に書いてある文字と同じものを○で囲んでください。

あ

回答時間：30秒

回答数	

あ	お	い	う	え	あ	い	う	あ	う
い	う	え	あ	あ	お	あ	え	お	い
う	あ	お	あ	え	あ	お	あ	い	え
い	う	え	あ	あ	お	あ	い	え	う
あ	う	う	お	い	え	あ	あ	う	お
あ	え	あ	あ	う	い	お	お	い	あ

問題37　同じ文字

上に書いてある文字と同じものを全部○で囲んでください。

ま

時間	
数	個

ほ	ま	ま	た	た	ほ	は	も	ま	ま
も	ま	た	は	ほ	は	た	ほ	は	ま
も	ま	た	は	は	も	ほ	ほ	た	ま
も	ま	も	ほ	た	ま	は	も	ま	ほ
ま	は	ま	ま	た	ま	は	ほ	ま	は
た	ま	た	ま	も	も	ま	も	ほ	ま

問題38 同じ文字

今度は、「止め」というまで、上に書いてある文字と同じものを○で囲んでください。

ま

回答時間：30秒

回答数	

ほ	ま	ま	た	た	ほ	は	も	ま	ま
も	ま	た	は	ほ	は	た	ほ	は	ま
も	ま	た	は	は	も	ほ	ほ	た	ま
も	ま	も	ほ	た	ま	は	も	ま	ほ
ま	は	ま	ま	た	ま	は	ほ	ま	は
た	ま	た	ま	も	も	ま	も	ほ	ま

問題39 同じ文字

上に書いてある文字と同じものを全部○で囲んでください。

め

時間	
数	個

の	ぬ	の	め	め	ゆ	ね	ね	め	め
め	ぬ	の	ね	ゆ	ね	め	ぬ	の	の
ね	ゆ	ね	ね	の	ぬ	ぬ	ゆ	め	め
の	ゆ	ゆ	ね	ね	め	ぬ	の	ゆ	ね
め	め	ぬ	め	ゆ	め	ぬ	の	め	ね
ゆ	ぬ	め	ゆ	め	ね	め	め	ゆ	の

問題40　同じ文字

今度は、「止め」というまで、上に書いてある文字と同じものを○で囲んでください。

め

回答時間：30秒

回答数	

の	ぬ	の	め	め	ゆ	ね	ね	め	め
め	ぬ	の	ね	ゆ	ね	め	ぬ	の	の
ね	ゆ	ね	ね	の	ぬ	ぬ	ゆ	め	め
の	ゆ	ゆ	ね	ね	め	ぬ	の	ゆ	ね
め	め	ぬ	め	ゆ	め	ぬ	の	め	ね
ゆ	ぬ	め	ゆ	め	ね	め	め	ゆ	の

問題41　同じ文字

上に書いてある文字と同じものを全部○で囲んでください。

か

時間	
数	個

か	く	け	か	き	き	こ	こ	か	け
く	き	け	か	か	こ	か	き	く	け
か	か	か	こ	き	こ	か	け	け	く
き	け	か	く	こ	く	き	こ	か	け
く	こ	か	か	き	か	か	き	か	け
か	こ	く	く	こ	く	き	か	け	か

問題42　同じ文字

今度は、「止め」というまで、上に書いてある文字と同じものを○で囲んでください。

か

回答時間：30秒

回答数	

か	く	け	か	き	き	こ	こ	か	け
く	き	け	か	か	こ	か	き	く	け
か	か	か	こ	き	こ	か	け	け	く
き	け	か	く	こ	く	き	こ	か	け
く	こ	か	か	き	か	か	き	か	け
か	こ	く	く	こ	く	き	か	け	か

問題43　置き換え

今度は、「止め」というまで、上に書いてある文字と同じものを○で囲んでください。

1	2	3	4	5
○	△	□	×	◎

時間	
数	個

1	2	3	4	5	1	2	3	4	5	1	2	3	4	5
1	2	3	4	5	1	2	3	4	5	1	2	3	4	5
1	2	3	4	5	1	2	3	4	5	1	2	3	4	5
1	2	3	4	5	1	2	3	4	5	1	2	3	4	5

問題44　置き換え

今度は、「止め」というまで、同じように下の表に書き写してください。

1	2	3	4	5
○	△	□	×	◎

回答時間：30秒

回答数	

1	2	3	4	5	1	2	3	4	5	1	2	3	4	5
1	2	3	4	5	1	2	3	4	5	1	2	3	4	5
1	2	3	4	5	1	2	3	4	5	1	2	3	4	5
1	2	3	4	5	1	2	3	4	5	1	2	3	4	5

問題45 置き換え

今度は、「止め」というまで、上に書いてある文字と同じものを○で囲んでください。

1	2	3	4	5
○	△	□	×	◎

時間	
数	個

5	4	3	2	1	5	4	3	2	1	5	4	3	2	1
5	4	3	2	1	5	4	3	2	1	5	4	3	2	1
5	4	3	2	1	5	4	3	2	1	5	4	3	2	1
5	4	3	2	1	5	4	3	2	1	5	4	3	2	1

問題46 置き換え

今度は、「止め」というまで、同じように下の表に書き写してください。

1	2	3	4	5
○	△	□	×	◎

回答時間：30秒

回答数	

5	4	3	2	1	5	4	3	2	1	5	4	3	2	1
5	4	3	2	1	5	4	3	2	1	5	4	3	2	1
5	4	3	2	1	5	4	3	2	1	5	4	3	2	1
5	4	3	2	1	5	4	3	2	1	5	4	3	2	1

問題47 置き換え

今度は、「止め」というまで、上に書いてある文字と同じものを○で囲んでください。

1	2	3	4	5
×	◎	△	○	□

時間	
数	個

3	1	5	2	2	3	1	4	5	4	1	1	3	2	4
4	3	5	4	3	3	4	2	5	1	5	2	2	5	1
4	1	3	2	3	4	5	2	3	4	5	1	1	2	5
4	1	5	5	4	1	1	2	5	2	4	3	3	2	3

問題48 置き換え

今度は、「止め」というまで、同じように下の表に書き写してください。

1	2	3	4	5
×	◎	△	○	□

回答時間：30秒

回答数	

3	1	5	2	2	3	1	4	5	4	1	1	3	2	4
4	3	5	4	3	3	4	2	5	1	5	2	2	5	1
4	1	3	2	3	4	5	2	3	4	5	1	1	2	5
4	1	5	5	4	1	1	2	5	2	4	3	3	2	3

問題49　置き換え

今度は、「止め」というまで、上に書いてある文字と同じものを○で囲んでください。

1	2	3	4	5
>	<	＼	／	ー

時間	
数	個

3	1	4	5	4	1	1	3	2	4	3	1	5	2	2
4	2	5	1	5	2	4	3	3	2	5	1	4	3	5
2	3	4	3	1	4	2	5	4	1	3	5	2	5	1
4	1	5	2	4	3	4	1	3	2	5	5	1	2	3

問題50　置き換え

今度は、「止め」というまで、同じように下の表に書き写してください。

1	2	3	4	5
>	<	＼	／	—

回答時間：30秒

回答数	

3	1	4	5	4	1	1	3	2	4	3	1	5	2	2
4	2	5	1	5	2	4	3	3	2	5	1	4	3	5
2	3	4	3	1	4	2	5	4	1	3	5	2	5	1
4	1	5	2	4	3	4	1	3	2	5	5	1	2	3

問題51　置き換え

今度は、「止め」というまで、上に書いてある文字と同じものを○で囲んでください。

1	2	3	4	5
―	□	○	／	△

時間	
数	個

2	2	5	1	3	4	2	3	1	1	4	5	4	1	3
5	3	4	1	5	2	3	3	4	2	5	1	5	2	4
1	5	2	5	3	1	4	5	2	4	1	3	4	3	2
3	2	1	5	5	2	3	1	4	3	4	2	5	1	4

問題52　置き換え

今度は、「止め」というまで、同じように下の表に書き写してください。

1	2	3	4	5
ー	□	○	／	△

回答時間：30秒

回答数	

2	2	5	1	3	4	2	3	1	1	4	5	4	1	3
5	3	4	1	5	2	3	3	4	2	5	1	5	2	4
1	5	2	5	3	1	4	5	2	4	1	3	4	3	2
3	2	1	5	5	2	3	1	4	3	4	2	5	1	4

10×５マス（練習用）

10×６マス（練習用）

15（２段）×４マス（練習用）

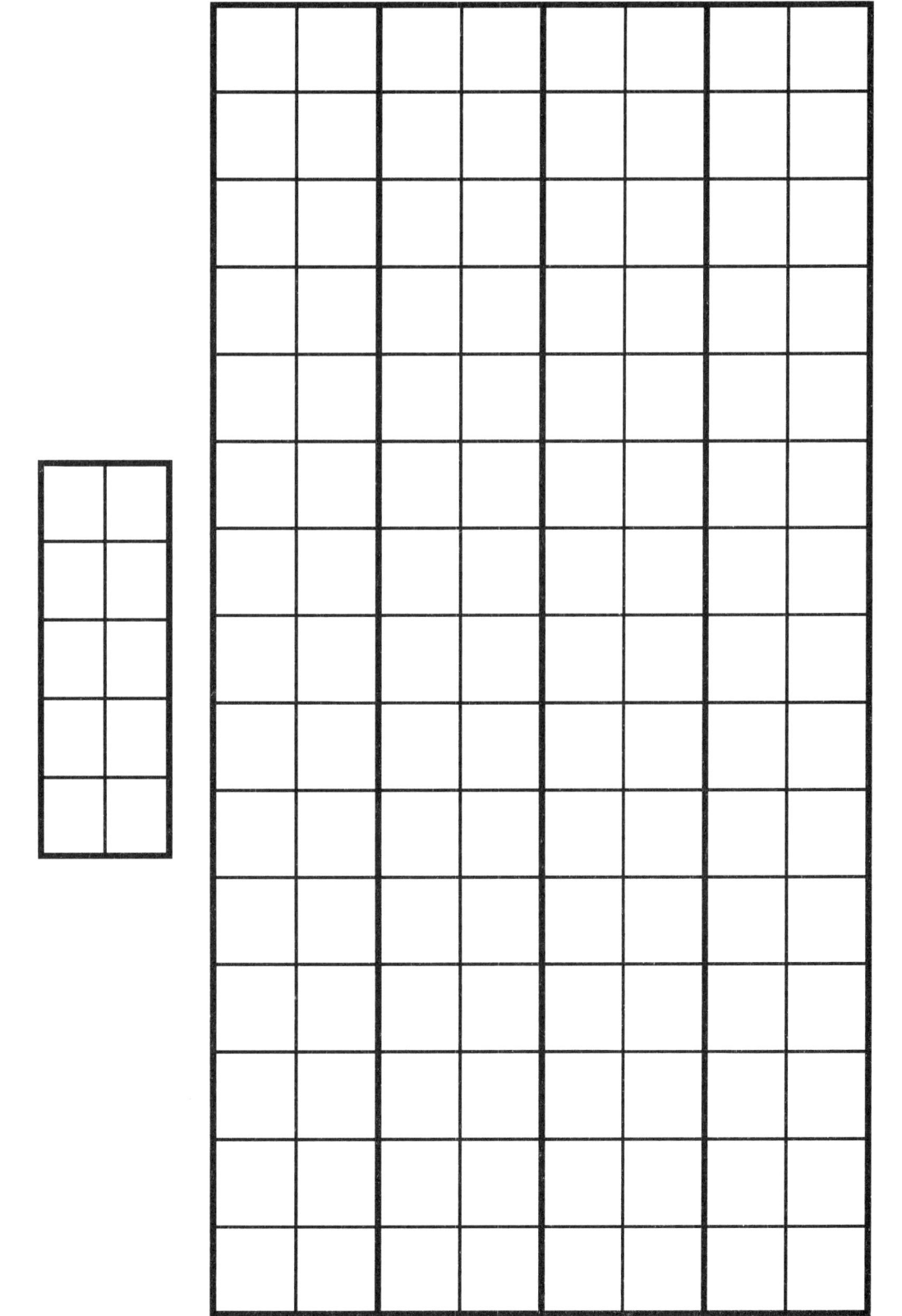

年　月　日

お客様注文書

（フリガナ）
氏 名　　　　　　　　　　　　様

電 話

E-mail

住 所 〒　　　　－

配達指定等

書　名	本体	数量	書　名	本体	数量	書　名	本体	数量	書　名	本体	数量	書　名	本体	数量
ジュニアウォッチャー			NEWウォッチャーズ国立セレクト			基礎力アップトレーニングシリーズ			首都圏・学校別問題集			近畿圏/地方・学校別問題集		
1 点・線図形	1500		NW国言語 1	2000		聞く力・記憶力アップ	1500		成蹊過去	2000		洛南・立命	2300	
2 座標	1500		NW国言語 2	2000		スピードアップ	1500		暁星過去	2000		追手門・関大	2300	
3 パズル	1500		NW国理科 1	2000					慶應幼稚舎	2000		関学・雲雀	2300	
4 同図形探し	1500		NW国理科 2	2000					早稲田過去	2000		城星・帝塚山学院	2300	
5 回転・展開	1500		NW国図形 1	2000					立教過去	2000		帝塚山・近小	2300	
6 系列	1500		NW国図形 2	2000					学習院	2000		京都国立	2300	
7 迷路	1500		NW国記憶 1	2000					青山	2000		天王寺過去	2000	
8 対称	1500		NW国記憶 2	2000					雙葉過去	2000		平野過去	2000	
9 合成	1500		NW国数量 1	2000					白百合過去	2000		池田過去	2000	
10 四方観察	1500		NW国数量 2	2000					豊明過去	2000		仁川合格	2300	
11 色々な仲間	1500		NW国常識 1	2000					女学館過去	2000		はつしば合格	2300	
12 日常生活	1500		NW国常識 2	2000		保護者のてびき			聖心女子	2000		賢明合格	2300	
13 時間の流れ	1500		NW国推理 1	2000		子どもの「できない」は親のせい	1800		東洋英和	2000		智辯・四天合格	2300	
14 数える	1500		NW国推理 2	2000		お助けハンドブック 学習編	1800		立教女学院	2000		天王寺合格	2000	
15 比較	1500		NEWウォッチャーズ私立セレクト			お助けハンドブック 生活編	1800		淑徳・宝仙	2000		宇大・作新	2500	
16 積み木	1500		NW私言語 1	2000		子育ては「親育」	1800		星美過去	2000		愛知私立過去	2300	
17 言葉の音遊び	1500		NW私言語 2	2000		子どもの帝王学	1800		都市大過去	2000		愛知国立過去	2300	
18 色々な言葉	1500		NW私理科 1	2000					東農大稲花	2000		ノートル・朝日	2500	
19 お話の記憶	1500		NW私理科 2	2000		B4判_総合学習ワーク			桐朋学園	2000		岡大附小	2500	
20 見る聴く記憶	1500		NW私図形 1	2000		ﾍﾞｽﾄｾﾚｸｼｮﾝA	2600		慶應横浜	2000		広島私立	2500	
21 お話づくり	1500		NW私図形 2	2000		ﾍﾞｽﾄｾﾚｸｼｮﾝB	2600		洗足過去	2000		広島国立	2500	
22 想像画	1500		NW私記憶 1	2000		ﾍﾞｽﾄｾﾚｸｼｮﾝC	2600		日出学園	2000		鳴教大附小	2500	
23 切る貼る塗る	1500		NW私記憶 2	2000		B4判_幼稚園受験用ワーク			国府台・昭和	2000		西南・福教	2500	
24 絵画	1500		NW私数量 1	2000		ｽﾃｯﾌﾟ ｱｯﾌﾟ 1	3000		浦和ルーテル	2000		北海道版	2500	
25 生活巧緻性	1500		NW私数量 2	2000		ｽﾃｯﾌﾟ ｱｯﾌﾟ 2	3000		文理・星野	2000		福島版	2000	
26 文字・数字	1500		NW私常識 1	2000		ｽﾃｯﾌﾟ ｱｯﾌﾟ 3	3000		筑波過去	2000		新潟版	2300	
27 理科	1500		NW私常識 2	2000		袋入りプリントタイプ問題集			お茶の水	2000		群馬版	2500	
28 運動	1500		NW私推理 1	2000		ゆびさき①	2500		竹早過・対	2000		静岡版	2500	
29 行動観察	1500		NW私推理 2	2000		ゆびさき②	2500		世田谷過去	2000		香川版	2500	
30 生活習慣	1500		NW私推理 2	2000		ゆびさき③	2500		大泉過去	2000		情報誌・読み物・エッセイ		
31 推理思考	1500		まいにちウォッチャーーズ			最強マニュアル	2000		小金井過去	2000		首都小てびき	2500	
32 ﾌﾞﾗｯｸﾎﾞｯｸｽ	1500		段階別 導入①	2000		面接テスト	2000		横浜過去	2000		幼稚園てびき	2500	
33 シーソー	1500		段階別 導入②	2000		新口頭試問	2500		鎌倉過去	2000		近畿小てびき	2900	
34 季節	1500		段階別 導入③	2000		新運動テスト	2200		埼玉過去	2000		新文例集500	2600	
35 重ね図形	1500		段階別 導入④	2000		新ノンペーパー	2600		千葉過去	2000		小学校面接QA	2600	
36 同数発見	1500		段階別 練習①	2000		厳選難問集①	2600		都市大合格	2000		小学校受験125	2600	
37 選んで数える	1500		段階別 練習②	2000		厳選難問集②	2600		昭和女子合格	2000		新幼稚園入園Q&A	2600	
38 たし算ひき算①	1500		段階別 練習③	2000		おうちチャレンジ①	1800		慶應横浜合格	2000		幼稚園面接Q&A	2600	
39 たし算ひき算②	1500		段階別 練習④	2000		おうちチャレンジ②	1800		精華合格	2000		保護者のてびき①	1800	
40 数を分ける	1500		段階別 実践①	2000		苦手克服　数量	2000		洗足合格	2000		保護者のてびき②	1800	
41 数の構成	1500		段階別 実践②	2000		苦手克服　図形	2000		横浜雙葉合格	2000		保護者のてびき③	1800	
42 一対多の対応	1500		段階別 実践③	2000		苦手克服　言語	2000		森村合格	2000		保護者のてびき④	1800	
43 数のやりとり	1500		段階別 実践④	2000		苦手克服　常識	2000		日出合格	2000		保護者のてびき⑤	1800	
44 見えない数	1500		段階別 応用①	2000		苦手克服　記憶	2000		筑波ラストスパート	2000		学級通信	1800	
45 図形分割	1500		段階別 応用②	2000		苦手克服　推理	2000		筑波お話の記憶	2200		35のたね	1600	
46 回転図形	1500		段階別 応用③	2000		ｳｫｯﾁｬｰｽﾞｱﾚﾝｼﾞ①	2000							
47 座標の移動	1500		段階別 応用④	2000		ｳｫｯﾁｬｰｽﾞｱﾚﾝｼﾞ②	2000							
48 鏡図形	1500		国立用総合ワーク			ｳｫｯﾁｬｰｽﾞｱﾚﾝｼﾞ③	2000							
49 しりとり	1500		国立総集編 A	3282		ｳｫｯﾁｬｰｽﾞｱﾚﾝｼﾞ④	2000							
50 観覧車	1500		国立総集編 B	3282		お話の記憶 初級	2600							
51 運筆①	1500		国立総集編 C	3282		お話の記憶 中級	2000							
52 運筆②	1500		しつもん付き読み聞かせ本			お話の記憶 上級	2000							
53 四方観察積木	1500		お話集①	1800		口頭試問-ペーパーレス編-	2000		合 計					
54 図形の構成	1500		お話集②	1800		口頭試問-生活体験編-	2000		冊			円（税別）		
55 理科②	1500													
56 マナーとルール	1500													
57 置き換え	1500													
58 比較②	1500													
59 欠所補完	1500													
60 言葉の音	1500													

※お支払いは現金、またはクレジットカードによる「代金引換」となります。また、代金には消費税がかかります。
※お受け取り時間のご指定は、「午前中」以降は約2時間おきになります。
※ご住所によっては、ご希望にそえない場合がございます。

日本学習図書（ニチガク）

Mail : info@nichigaku.jp / TEL : 03-5261-8951 / **FAX : 03-5261-8953**

★ご記入いただいた個人情報は、弊社にて厳重に管理いたします。なお、ご購入いただいた商品発送の他に、弊社発行の書籍案内、書籍に関する調査に使用させていただく場合がございますので、予めご了承ください。※落丁・乱丁以外の理由による商品の返品・交換には応じかねます。

ニチガクの
小学校受験用問題集

分野別・基礎・応用 問題集

ジュニア・ウォッチャー（既刊60巻）

1.点・線図形　2.座標　3.パズル　4.同図形探し
5.回転・展開　6.系列　7.迷路　8.対称　9.合成
10.四方からの観察　11.色々な仲間　12.日常生活
13.時間の流れ　14.数える　15.比較　16.積み木
17.言葉の音遊び　18.色々な言葉　19.お話の記憶
20.見る・聴く記憶　21.お話作り　22.想像画
23.切る・貼る・塗る　24.絵画　25.生活巧緻性
26.文字・数字　27.理科　28.運動観察　29.行動観察　30.生活習慣
31.推理思考　32.ブラックボックス　33.シーソー　34.季節
35.重ね図形　36.同数発見　37.選んで数える　38.たし算・ひき算1
39.たし算・ひき算2　40.数を分ける　41.数の構成
42.一対多の対応　43.数のやりとり　44.見えない数　45.図形分割
46.回転図形　47.座標の移動　48.鏡図形　49.しりとり
50.観覧車　51.運筆①　52.運筆②　53.四方からの観察-積み木編-
54.図形の構成　55.理科②　56.マナーとルール　57.置き換え
58.比較②　59.欠所補完　60.言葉の音（おん）　（以下続刊）

★出題頻度の高い９分野の問題を、さらに細分化した分野別の入試練習帳。基礎から簡単な応用までを克服！

1話５分の　読み聞かせお話集①
1話５分の　読み聞かせお話集②

★入試に頻出のお話の記憶問題を、国内外の童話や昔話、偉人伝などから選んだお話と質問集。学習の導入に最適。

お話の記憶問題集　－初級・中級・上級編－

★お話の記憶問題のさまざまな出題傾向を網羅した、実践的な問題集。

まいにちウォッチャーズ
小学校入試段階別ドリル（全16巻）

導入編：Lv．１～４　練習編：Lv．１～４
実践編：Lv．１～４　応用編：Lv．１～４

★巧緻性・図形・数量・言語・理科・記憶・常識・推理の８分野が１冊で学べる。１冊に32問掲載。全16段階のステップでムラのない学習ができる。

新　口頭試問・個別テスト問題集

国立・私立小学校で出題された個別口頭形式の類似問題に面接形式で答える個別テスト問題をプラス。35問掲載。

新　ノンペーパーテスト問題集

国立・私立小学校で幅広く出題される、筆記用具を使用しない分野の問題を40問掲載。

新　運動テスト問題集

国立・私立小学校で出題された運動テストの類似問題35問掲載。

ガイドブック

小学校受験で知っておくべき125のこと／新　小学校の入試面接Q＆A

★過去に寄せられた、電話や葉書による問い合わせを整理し、受験に関するさまざまな情報をＱ＆Ａ形式でまとめました。これから受験を考える保護者の方々必携の１冊です。

新　小学校受験のための願書の書き方から面接まで

★各学校の願書・調査書・アンケート類を掲載してあります。重要な項目については記入文例を掲載しました。また、実際に行なわれた面接の形態から質問内容まで詳細にわたってカバーしてあり、願書の記入方法や面接対策の必読書です。

新　小学校受験　願書・アンケート文例集500

★願書でお悩みの保護者に朗報！　有名私立小学校や難関国立小学校の願書やアンケートに記入するための適切な文例を、質問の項目別に収録。合格をつかむためのヒントが満載！　願書を書く前に、ぜひ一度お読みください！

小学校受験に関する保護者の悩みQ＆A

★受験を控えたお子さまを持つ保護者の方約1,000人に、学習・生活・躾などに関する悩みや問題を徹底取材。その中から厳選した、お悩み200例以上にお答えしました。「ふだんの生活」と「入試直前」のアドバイスの２本立てで、お悩みをスッキリ解決します。

基礎力アップトレーニングシリーズ２
スピードアップ

発行日　2024年１月23日
発行所　〒162-0821　東京都新宿区津久戸町 3-11-9F
日本学習図書株式会社
電　話　03-5261-8951 ㈹

詳細は http://www.nichigaku.jp　日本学習図書　検索

ISBN978-4-7761-3144-1
C6037 ￥1500E
定価　本体1,500円＋税

9784776131441
1928037015004